EL LIBRO SUPREMO DE LOS SUEÑOS

El libro supremo de los sueños

EDITORIAL EPOCA, S. A.
Emperadores 185, México 13, D. F.

Derechos Reservados, 1969.
EDITORIAL EPOCA, S. A.

El formato y características artísticas de esta obra
son propiedad del Editor.

Impreso en México.   Printed in México

INTRODUCCIÓN

Desde tiempos remotos, la explicación de los sueños ha preocupado al hombre.

Son augurios del porvenir?; ¿es que el cuerpo astral abandona durante el reposo el cuerpo material y desligado de su cárcel, recobra la clarividencia de los ángeles?

Ese anhelo del ser humano por la explicación de los sueños es puramente espiritual y, evidentemente, patentiza nuestro origen divino.

Las aves y los cuerpos astrales tienen innata tendencia a surcar el espacio, en busca de la luz.

Sería ridículo pretender ignorar, que ha habido sueños proféticos; pues esto equivaldría a negar lo escrito en los Libros Sagrados del Antiguo Testamento y es, indudable, que han existido.

¿Por qué razón no había de continuar habiéndolos hasta nuestros días?

La verdad es, que los sueños tienen una interpretación de carácter divino, en ello está la explicación del porqué soñamos; el sueño es patrimonio del hombre.

SUEÑOS PROFÉTICOS

(Antes de J.C. 309). Se encontraba Amílcar, general cartaginés, sitiando a Siracusa, creyó escuchar durante su sueño una voz que le dijo: "Mañana comerás en esta ciudad que sitias". Llevado de la alegría, cual si el cielo le prometiera la victoria, dispone su ejército para el asalto; pero habiéndose promovido disensiones entre los cartagineses y los sicilianos que formaban parte de sus tropas, aprovechándose de esta coyuntura, los de Siracusa verificaron una valerosa salida, en la que se apoderaron de su campo, y le hicieron prisionero en ella. Engañado, más por la esperanza concebida que por el sueño, comió verdaderamente en Siracusa, pero no vencedor, sino en calidad de cautivo.

Antes de emprender Aníbal sus formidables expediciones contra los romanos, soñó que el cielo le había enviado, para guiarle contra la Italia, un joven de sobrenatural estatura. Al momento, según su consejo, siguió sus pasos ciegamente y sin volver la cabeza; mas, llevado poco después por aquel instinto natural que nos impele a querer indagar lo misterioso que mira atrás y ve una colosal serpiente, que con su movimiento rápido derriba y destroza cuanto se opone a su paso. Se desencadenan, desde luego, las tempestades, ruge el trueno y se encapota el cielo con densas nubes. Admirado Aníbal, pide a su guía la explicación del presagio. "¿Lo ves? —le respondió—, es la devastación de Italia. Tu deber es guardar sigilo y abandonar lo demás a los secretos consejos del sino".

◆

Llevando en su seno la reina Olimpia a Alejandro el Grande, soñó que su marido, el rey Filipo, había puesto en su vientre un sello con la efigie de un león; lo que pronosticó el valor, la magnanimidad y las conquistas del futuro monarca.

◆

No desistió Cromwell ante la ejecución de Carlos I, no obstante el terrible sueño que experimentó al anochecer del día de la sentencia (26 de enero de 1649). —Veíase en un cementerio— presagio de futura prosperidad —ante el verdugo— indicio de sangrientas catástrofes, que le colocaban en la cabeza una corona de huesos.

A

ABADÍA o ABAD.—Es signo de bienaventuranza y consuelo. Casamiento seguro.

ABADESA.—Si el rostro de la abadesa es serio, indica malicia de que será víctima el que lo sueñe. Si, por el contrario, es risueña y con bondad, será signo de buena esperanza.

ABANDONADO.—Este sueño augura que se vivirá en el seno de una numerosa familia.

ABANDONO.—Si abandona su propia casa, signo de ganancia en los negocios. Si se ve abandonado de grandes personajes, indica alegría y fortuna.

ABANICAR.—La persona que sueña estarse abanicando, indicios de que logrará un buen casamiento y vivirá en paz.

ABANICO.—Patrimonio perdido. Perfidia y rivalidades.

ABATIMIENTO.— Falta de carácter y abatimiento. No hay que desanimarse por los reveses que a veces tiene la fortuna, pues éstos se vencen teniendo diligencia y perseverancia.

ABATIR.—Si se ha abatido a alguno o derribado algo en sueños, presagio de valor para vencer obstáculos muy grandes.

ABEJAS.—Indica dinero en abundancia. Ser picado, un amigo o pariente nos hará traición. Si deposita la miel en su casa, signo de riquezas. Si en el suelo matan a las abejas, prepárense para una ruina  inminente. Si se cogen sin ningún riesgo, es provecho y abundancia en los negocios

ABERTURA.—Se avizora una buena esperanza para el que lo sueña.

ABSCESO.—Si al que está soñando se le forma un absceso, tendremos un gran estorbo en nuestros negocios. Si el absceso se dilata, indicará que se logrará lo que se desea, después de muchas dificultades.

ABISMO.—Peligro inminente. Muerte de algún ser querido o amigo muy apreciado.

ABLUCIÓN.—Presagio de nuevos y sucesos que resultarán felices.

ABOGADO.—Ver en el sueño a un abogado, indica malas nuevas. Charlar con él, tiempo perdido. Si patrocina un negocio del que lo sueña, sobrevendrá alguna calamidad.

ABORTO.—Serás víctima de acechanzas de carácter criminal.

ABRAZADO.—El que sueña debe cuidarse de la persona que lo está abrazando.

ABRAZO.—Si abraza a un niño el que está soñando, indica que hay un engaño por parte de un amigo. Abrazar a una mujer, indica buena suerte. Abrazar a sus padres, amenaza una traición.

ABREVADERO. — Si son caballos los que abrevan en él, experimentarán una gran alegría. Si los que beben son asnos, indica un pleito ganado. Si no hay agua en el pilón, presagia misterio. Si  está lleno de inmundicias, augura el nacimiento de un niño sano y robusto.

ABRIGO.—Si el que sueña busca abrigo contra la lluvia, indica una pena secreta. Disgustos en la familia. Si se busca durante una tormenta, indica un buen presentimiento.

ABSOLUCIÓN.—Recibirla de un sacerdote, indica buenos negocios y salud.

ABUELO o ABUELA.—Si éstos están difuntos, señal de que necesitan oraciones. Huye de la disipación y llegarás tranquilo a la vejez. El alcohol es la causa de muchas desgracias y tragedias. Es conveniente te mantengas alejado de la bebida.

ABUNDANCIA.—Si es de satisfacciones, indica que el que sueña se casará a gusto con la persona que ama. Si es de bienes, la seguridad que tiene ahora es engañosa y falsa.

ACADEMIA.—De estudios, tendrá el que la sueña ratos felices.

ACACIA.—Si la huelen, presagia desgracias. Verla, es amor leal y afecto puro y noble.

ACAPARADOR.—El que sueña un acaparador, que guarde bien sus bienes, dinero y asegure la puerta de su casa.

ACCIDENTE.—El que lo sueña, será testigo de una cobardía que al final de cuentas le traerá muchos beneficios. Si le prestan auxilio a la víctima del accidente, presagio de que sufrirá la traición por parte de un amigo.

ACECHAR.—Estar acechando, en sueños, separación corta de enamorados.

ACECHO.—Acechar una casa, es presagio de goces y placeres.

ACEDERA.—Se tendrán dificultades en los negocios por desordenado.

ACEDÍAS.—El que sueña que tiene acedías tendrá negocios fáciles, pero de poco provecho.

ACEITE.—Verlo en el sueño, que se derrama, o sobre cualquier superficie, señal de pérdidas irreparables. Verse manchado de aceite, anuncia prosperidad.

ACEITUNAS.—Tranquilidad y paz con las amistades.

ACERO.—Tenerlo entre las manos, nuestra posición se encuentra sin contratiempos. Si sueña en romperlo, se acerca una buena victoria.

ACOGIDA.—Si es favorable, indiscreción de mujer. Desfavorable, hay que escuchar los avisos y consejos que se le darán. Indiferente, infidelidad.
ACÓLITOS.—Dentro de una iglesia, malas noticias. Conspiración hogareña.
ACOSTARSE. — Con persona desconocida y de otro sexo, indica obstáculos en sus negocios. Con una mujer bonita, traición de parientes o amigos. Con su marido, recibirá una noticia mala. Si es hombre el que está soñando y ve a su esposa, regocijo. Con su hija, se avecinan escándalos y habladurías.

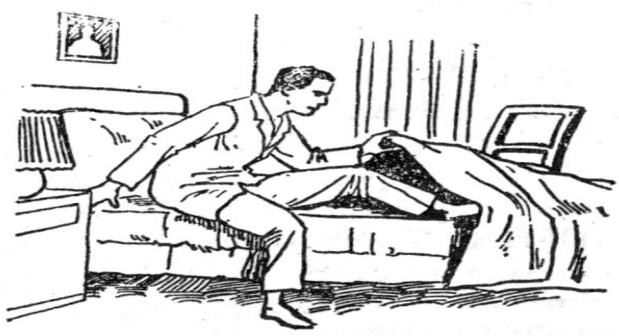

ACLAMACIÓN.—Regocijo.
ACRITUD.—Penas. Deberá cuidar su vida, pues se le avecinan problemas.
ACTA.—Ver firmar un acta o firmarla, en el sueño, señal funesta.
ACUEDUCTO.— Un patrimonio que con el tiempo se alcanzará.
ACUMULAR.—Tus proyectos serán contrarios a tus intereses.
ACUSAR.—A alguien, inquietudes. Si se es acusado por una mujer, indica malas noticias. Por su propia esposa, muy halagadoras noticias.
ADÁN Y EVA.—Dentro de poco tiempo se adoptará un hijo.
ADEREZO.—Si se vence la dificultad será feliz. Robo importante, si el aderezo es de caballos. Aderezo

de casa, pronto hará una boda en tu casa. Aderezo de mesa, no hay que abusar del favor que nos hacen. Aderezo de diamantes, habrá un pleito con un enemigo. Si al que sueña le regalan un aderezo, traerá malas consecuencias.

ADHESIÓN.—Arrepentimientos sin reflexión. Altercado con un buen amigo o con un pariente.

ADMINISTRACIÓN.—Si el que sueña es componente de la administración, tendrá un presagio de miserias, sea cual fuere el puesto que ocupe en dicha administración. Si por el contrario, abandona la administración, su posición mejora notablemente.

ADMIRACIÓN.—Si el que sueña es admirado, señal lisonjera. Si por el contrario, el que sueña está admirando a alguien, posición incómoda.

ADOLECENTE.—Si es moreno, es presagio de salud perfecta. Si es rubio, próximo aumento de riqueza y bienestar. Si es feo, augurios de que se sufrirán engaños por parte de una mujer.

ADOPCIÓN.—Si se sueña que adoptan algunos hijos, penas y dificultades.

ADORACIÓN.—Alegría y contento si se adora a Dios. Señal de tranquilidad si se adora a algunas estatuas, indicio de felicidad.

ADORNOS.—En fecha próxima se realizará un viaje feliz.

ADQUISICIÓN.—Si son objetos que constituyen un bienestar, indica que pronto serás rico. Si el que sueña ya es rico, la adquisición de algo indica buen resultado en los negocios.

ADULACIÓN.—Si en sueños te adulan, señal de que te verás en un estado vergonzoso, a menos que se deseche la adulación.

ADULTERIO.—Querellas futuras. Se aproxima un gran escándalo. Hay quienes aseguran que soñar con un adulterio, es señal de beneficio seguro. Si el que sueña está cometiendo el adulterio, tenga cuidado, pues el engaño está avisado.
ADVERSARIO.—Significa vencer una rivalidad si en sueños se ve un adversario.
ADVERSIDAD.—Si se sueña en la adversidad de nuestros enemigos, augura gozo y satisfacción. Si es tuya la adversidad, se te aconseja que tengas buen ánimo.
ADVERTENCIA.—Si es recibida y aprovechada, prosperidad y riqueza en las empresas. Dada a otro, significa orgullo y desgracia.
AFEITE.—Aplicarlo en el rostro, augura indispensable prudencia. Si se aplica o se ve aplicar a una mujer, señal de que no se es franco. Observar un rostro lleno de afeites, indica mucha desconfianza.
AFEITAR.—Soñar que uno mismo se afeita o que lo está afeitando alguien, señal de pérdida de negocios y bienes, de salud y de honores.
AFLICCIÓN.—Este sueño augura el triunfo de enemigos malvados.
AFRENTA.—Si se escucha cantar a un pájaro, buen augurio.
AGITACIÓN.—Este sueño es indicio de que se poseerá una riqueza en un futuro.
AGONÍA.—Según unos, indica pérdida de herencia y, según otros, autoridades en la materia, señal de que se recibirán riquezas. Soñar con alguien que está agonizando, beneficio inesperado.
AGRAVIO.—Avaricia. Se debe tener cuidado con los perros rabiosos.

AGRICULTURA. — A la persona que tiene este sueño se le augura que disfrutará de una felicidad sin obstáculos. El que al alba se levanta, gozará de buena salud durante su vida. Mucha familia.

AGUA.—Si se la bebe caliente, señal de peligro por parte de enemigos. Cuanto más caliente, es mayor el peligro. Si se bebe fría y fresca, indica tranquilidad y amigos verdaderos. Soñar con agua, generalmente es signo de abundancia. Agua bendita, pureza de pensamiento y salud en el alma. Agua estancada y sucia, presagio de peligro de muerte. Saltar en medio del agua, persecuciones y sinsabores. Recibir o llevar agua sobre la cabeza, augura provechos. Si se camina entre el agua, indicio de triunfo; si se le busca en un paraje donde no se encuentra, señal de cuidado y fastidio. Salvar un paraje con mucha agua, indica trabajo y seguridad. Si se lleva agua en un vaso o jarro que se desparrame o se vaya tirando, señal de pérdidas y contratiempos. Si el agua no se tira del cacharro donde se lleva, mucho trabajo en conservar nuestra hacienda. Ocultar el agua o negarla a alguien, indica ruina inevitable. Derramar el agua en la casa, presagia disgustos, penalidades y cuidados.

AGUADOR.—La persona que tiene este sueño será señal de que padecerá cansancio y fatiga. También fastidio.

AGUARDIENTE.—Placeres groseros que te traerán malos ratos.

ÁGUILA. — Si la que sueña con un águila está esperando un niño (embarazada), seña inequívoca de que su hijo tendrá gran nombre por sus méritos. Cualquier otra gente que sueñe con el águila, indica prosperidad y riquezas. Si el  que sueña es militar y el águila vuela sobre su cabeza, se verá rodeado de honores. Si se sueña que va montado en un águila, indica que está en grave peligro de muerte, a menos que el animal no le cause ningún daño.

AGUINALDO.—Darlo, indica avaricia. Recibirlo, presagia miseria y tristezas. Sinsabores.

AGUJAS.—Si el que sueña se pica con una aguja, indica que se verá envuelto en chismes y enredos. Verlas nada más, indica inquietudes.

AGUJETAS.—Si las agujetas están enlazadas, señal de prosperidad. Si las desatan, traerán placeres y remordimientos.

AHIJADO.—Compromisos y daños materiales.

AHOGADO.—Si se ve en sueños a un ahogado, señal de triunfos y alegrías. Si el que está soñando ve que él es el que se está ahogando, augura ganancias en los negocios. Si se está ahogando por culpa de otra persona, presagia pérdidas y ruinas.

AHORCADO.—Ver a un ahorcado, anuncia temores.

AIRE.—Cuando es puro y sereno, indica que todos le aprecian. Amistades sinceras. Recobrar algo perdido. Reconciliarte con tus enemigos. Ganar un pleito, triunfo sobre envidiosos. Este sueño presagia todo género de prosperidades. Si el aire es nubloso o sombrío, indica que pronto habrá tristezas y enfermedades en tu hogar. Obstáculos en los negocios o empresas. Lo contrario del aire puro, perfumado por las flores, pureza de costumbres y una vida provechosa y pacífica.

AJEDREZ.—Jugarlo, significa que pronto tendrás un altercado con algún amigo.

AJENJO.—Si sueñas que has tomado o están tomando ajenjo, indica que tendrás un dolor mortal, de poca duración. Si lo están comprando en el sueño, pronto caerás enfermo. Si lo estás vendiendo, feliz augurio.

AJOS.—Comerlos, pronóstico de riñas. Revelación de secretos ocultos. Si se sueña que se comen, al despertar, darás un beso a la mujer amada.

ALA.—Si es de ave de rapiña, defensa contra peligros graves e inminentes. Si el ala es de pájaro, indica tranquilidad.

ALACRÁN. — Inquietudes y angustias. Deberás tener cuidado con los que se dicen tus amigos, en poco tiempo te darán un mal rato. Deberás consultar el zodíaco para que logres un buen desenlace al problema que te tiene preocupado.

ÁLAMOS.—Si el que sueña los está plantando, pronto recibirá un rápido, pero pasajero ascenso en su trabajo o negocio. Si se despojan de su corteza, augurio de mejoramiento en su fortuna o empresa. Cortarlos indica ruina inmediata.

ALBAÑIL.—Fastidios y fatigas. Esperanzas sin logro.
ALBARICOQUE.—Si se come el fruto, indica que te contentarás con quien te habías disgustado. Si la fruta está verde, presagia sinsabores y desalientos. Si el albaricoque está lleno de hojas y frutos, indica éxito constante.
ALBERGUE.—Si se permanece en él, reposo mezclado con desazones.
ALCACHOFAS.—Tocarlas, indica penas secretas. Comerlas, se aproxima una gran pena.
ALCANFOR.—Pronto serás repuesto a un cargo o posición social del que te habían despojado. Comprarlo, recibirás herencia de un pariente lejano. El alcohol alcanforado, signo de amor constante.
ALCOBA.—Si sueñas que estás dormido en una alcoba, habrás de tener mucha prudencia, pues alguien trata de descubrir tus secretos.
ALDEANO.—Alegría y dichas.
ALEGRÍA.—Cuidado, al despertar tendrás una mala noticia.
ALEMÁN.—Fidelidad, si es un alemán al que sueñas; si es una alemana, reconciliación de parientes.
ALEMANIA.—Si sueñas que vas a Alemania, anuncia carácter agradable y culto.
ALFALFA.—Casamiento con una labradora bonita.
ALFILER.—Si sueñas que te pican con un alfiler, ten cuidado, pues tendrás una pequeña desavenencia.
ALFOMBRA.—Si estás caminando sobre una alfombra, tranquilidad y bienestar.
ALGODÓN.—Significa alegría y temores que no tienen fundamento. La pobreza no es un vicio.
ALGUACIL.—Acusaciones por tus enemigos. Trampas y acechanzas.

ALHAJAS DE PLATA.—Venderlas, señal de mejoría en las empresas. Comprar cubiertos de plata, indicio de picardías. Cambiar plata por cualquier objeto, presagia desgracias. Si encuentras algunos objetos de plata, indica ruinas y desgracias. Si ves la plata en barras, signo de economía.

ALHÓNDIGA.—Angustias y penas.

ALIENTO.—Si es de un niño, recibirás favores. Si es de una mujer, peligro. De un borracho, beneficio y mejoría en tu suerte.

ALIMENTO.—Prepararlo y darlo a otro, indica que tienes buen corazón.

ALMA.—Si la ves entrar en el cielo, indica muy buenos presagios. Indica también, enmiendes tu vida con prácticas religiosas y penitencias.

ALMACÉN.—Salud, hallazgo.

ALMANAQUE.—Tienes que observar una conducta más arreglada y serena.

ALMIDÓN.—Engaños y sinsabores.

ALMIRANTE.—Verle en un combate, indicio de irse a pique.

ALMIZCLE.—Falta de salud. Desengaños.

ALMOHADA.—Acechanzas y desazones.

ALMOHADÓN.—Si está bordado, grandeza y alta jerarquía. Si el almohadón es blando, indica debilidad de carácter.

ALMUERZO.—Desengaños y dolores.

ALONDRAS.—Si el que sueña las ve volar, recibirá un rápido ascenso en su trabajo o negocio.

ALQUILER.—Si sueñas pagarlo, tu corazón es generoso. Si no lo deseas pagar, significa avaricia.

ALTARES.—Si se está edificando, alegrías, o sabrás de un pariente o amigo que abrazará la carrera eclesiástica. Verlo derribado, indica melancolías y desgracias.

AMA DE LECHE.—Disturbios y desazones.

AMAMANTAR.—Gran felicidad que deberás cuidar mucho, pues si huye, nunca la volverás a poseer.

AMANTE.—Graves males físicos y morales. Si la mujer sueña en tener un amante, padecerá grandes penas.

AMATISTA.—Posición muy buena en sus negocios.

AMAZONA.—Te enamorarás de una mujer que te traerá muy malos ratos.

ÁMBAR.—Buena suerte. Compra un billete de lotería.

AMABARILLA.—Amores secretos.

AMBICIÓN.—Si en sueños te sientes dominado por la ambición, modifica tus planes, pues si no lo haces así, sufrirás descalabros en tu honra y en tu fortuna.

AMBULANCIA.—Sabrás de alguna muerte violenta por accidente.

AMÉRICA.—Presagio de buenos negocios e independencia.

AMIGOS.—Si te estás riendo con tus amigos, pronto tendrás un rompimiento y alejamiento de ellos.

AMOR.—Casi siempre indica alegría y felicidad. Amar a una mujer morena, augurio de goces. Amar a una mujer rubia, indica que nunca serás correspondido por ella. Amor rechazado, presagio de triunfo futuro. Amor correspondido, desesperación. Amor criminal, augurio de que sufrirás peligros y tristezas.

AMOS.—Si los ves con respeto, recibirás recompensa. Si por el contrario, los ves con odio y desprecio, indica graves disgustos y brutalidades.
AMPOLLA.—Prisión. Estafa.
AMPUTACIÓN.—Si en sueños la ves practicar, perderás un amigo al que aprecias de verdad. Si a ti es al que están amputando, pérdida de bienes.
ANATOMÍA.—Estarás a salvo de enfermedades.
ANDAR.—Si caminas con paso firme, denota instrucción provechosa. Si andas por sobre piedras, penas y sufrimientos. Andar de un lado para otro, serás víctima de un engaño.
ANDAMIOS.—Ruinas.
ANDRAJOS.—Vergüenza y miseria. Si sueñas que estás revolviendo andrajos, grandes pesares.
ANCLAS.—El viaje que planeas no deberás ser muy largo, pues es necesario ahorrar siempre.
ANÉCDOTA.—Serás víctima de murmuraciones y riñas.
ÁNGEL.—Si los ves en sueños, arrepiéntete y trata de vivir bien. Significa también honores y dignidades. Si el ángel se observa volando, señal de alegría.
ANIMALES.—Si les das de comer, buena fortuna y prosperidades. Si sólo los ves, presagio de noticias de personas ausentes.
ANIVERSARIO.—Querella o riña en tu hogar. Presagio de enfermedades.
ARADO. — Si el que sueña está manejando un arado, augura que llevará su negocio por buen camino. Si está el arado solo, buen ahorro.

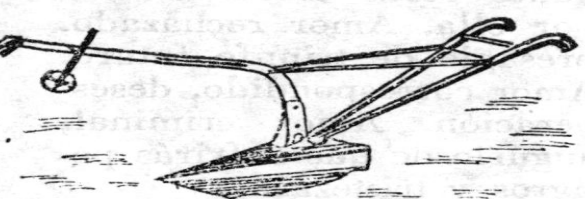

ARCOIRIS.—Bienestar y comodidades. Riquezas y restablecimiento de la salud. Verlo sobre tu cabeza, feliz augurio, pues anuncia un cambio de fortuna.

ARDILLA. — Pronto recibirás dinero. También es advertencia de que hay que tener cuidado con el dinero, no gastando en cosas que no sean necesarias. Guarda tu dinero en el banco. Se te aproxima una buena oportunidad que deberás aprovechar.

ARENAL.—Si caminas por un arenal, indica un viaje próximo, pero largo y sin frutos. Si hay mucho sol en el arenal, se regresará del viaje con escasa salud.

ARENQUE.—Si sueñas que te lo estás comiendo, indicio de desdenes de parte de la persona amada. Pescarlo, indica mucho trabajo con pocas ganancias.

ARETES.—Tendrás una hija con una belleza poco común, la cual será tu perdición si no corriges su vanidad. En cambio, tu hijo te recompensará.

ARGOLLA.—Triunfo sobre enemigos. Estar atado a una argolla, señal de muchos compromisos.

ARIDEZ.—Indica dicha en el amor.

ARLEQUÍN.—Si ves en sueños un arlequín, presagia que tu pena se desvanecerá muy pronto. Malicia y travesura.

ARMADURA.—Prudencia, si es que te ves vestido en ella. Si te la quitas, peligro conjurado. Si tomas posesión de los bienes del difunto, tienes que hacer justicia a la viuda y a los huérfanos, pues no debes tomar nada que legalmente no te pertenezca.

ARPA.—Consuelo para tu enfermedad. No hagas caso del canto de las sirenas. Desconfía de las malas mujeres.
ARSÉNICO.—Si sueñas que lo tomas por equivocación, ataque de apoplejía. Restablecimiento de un enfermo.
ARTESONADO.—Mal augurio en los negocios.
ARTIFICIO.—No desperdicies tu tiempo en diversiones banales, pues al final te acarrearán disgustos y penas.
ARTILLERÍA.—Fortunas y buenos negocios.
ARTISTAS.—Placeres variados.
ARZOBISPO.—Presagio de muerte para la persona que lo sueña.
ARRAS.—Recibirás un regalo que costará caro.
ARRENDAMIENTO.—Firmarás pronto un buen contrato.
ARREPENTIMIENTO.—El que sueñe que está arrepentido, se arrepentirá pronto de sus pecados, pero lo hará por temor, no por sinceridad.
ARRESTO.—Si sueñas que están arrestando a otra persona, pronto sabrás de un robo audaz. Si tú eres el arrestado, indica falta de afición en el trabajo.
ARROYO.—Si es de agua clara, empleo lucrativo y honroso. Si es de agua turbia, descalabros y enfermedades. Si el arroyo está agotado y seco, desgracias. Si en el arroyo está corriendo el agua, curación de una grave enfermedad. Si el agua está sucia, males y peligros.
ARROZ.—Si sueñas que lo estás comiendo, presagia una gran abundancia.
ARRUGA.—Saldrás de tus apuros mediante matrimonio. Salud.
ASADOR.—Trabajos rudos.

ARMARIO.—Si lo sueñas lleno, indica riquezas. Si está vacío, indica que tendrás un riña y resultarás herido.

ARMAS.—Honores si se ven colgadas y acomodadas. Tenerlas en la mano, augura buen éxito en los negocios. Tirar al florete, señal de salud.

ARMERÍA.—Próximo suceso agradable. Dignidades.

ASALTO.—Si sueñas que lo presencias, intervendrás en un duelo. Si tomas parte en el asalto, indica que sabrás de un hecho heroico.

ASAMBLEA.—Enemigos temibles.

ASCENSIÓN.—Grandeza pasajera.

ASERRAR.—Satisfacciones y logros buenos.

ASESINATO.—Ten cuidado con los lugares oscuros.

ASESINOS.—Si sueñas con unos asesinos, indica una próxima reunión con tus parientes lejanos, pero queridos.

ASFIXIA.—Es augurio de que tendrás una muerte en paz.

ASMA.—Descubrirás una traición. El que estudia tiene mayores oportunidades en la vida. Nunca se debe perder el tiempo.

ASNO.—Si te ves en un asno, que vas montado, indica que tendrás mucho trabajo. Servidor celoso y fiel. Descubrirás una traición de un amigo muy estimado. Si ves correr al asno, presagio de infortunio. Si le escuchas rebuznar, señal de cansancio y daño.

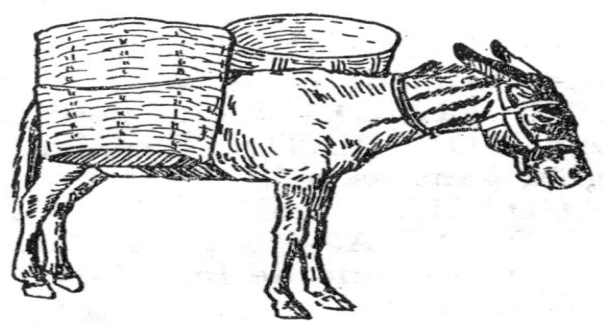

ASOCIACIÓN.—Si es de hombre, enemistades y reyertas. Si es de mujeres, unión deshecha.
ASONADA.—Pleito ganado.
ASPID.—Tu sueño presagia gran fortuna, dichoso tú de lo que soñaste. Te casarás, si eres hombre, con mujer muy rica y, si eres mujer, con hombre de mucho porvenir.
ASTA.—Sabrás de algún marido engañado.
ASTILLERO.—Abundancia y prosperidad.
ASTRÓLOGO.—Enredos y engaños.
ASTUCIA.—Un hombre intenta engañar a una mujer. Malos propósitos de una mujer que intenta burlar a un hombre.
ATASCADO.—Larga vida.
ATAÚD. — Apresúrate a cambiar de vida y ponerte en paz con Dios. Perdona a tus enemigos, pues de lo contrario, tendrás graves penas en los días que te quedan de vida.

ATRAGANTAR.—Sufrirás un mal por los placeres desordenados de tu vida.
ATROCIDAD.—Pleito perdido. Malos placeres.
ATURDIMIENTO.—Próxima curación. Si hablas inglés, ganarás más.
AUDACIA.—Todo te saldrá a pedir de boca.
AUDIENCIA.—Si la da un personaje de alta categoría, presagio de luto. Señal de provecho si la da un soberano.
AULLIDO.—Chismes y pleito perdido.

AUREOLAS.—Si te rodea la cabeza, buen augurio. Si la aureola está sobre la cabeza de algún enemigo, tu pleito será perdido. Si está sobre el rostro de alguna mujer, debes procurar ser amado por ella.

AURORA.—Gloria y salud. Debes nivelar tus gastos, pues te estás desfalcando.

AUSENCIA.—Si sueñas con los que están lejos, señal de que pronto regresarán. Si sueñas con algún ausente, pronto te llegará una buena noticia, o de una herencia con la que no contabas. Recibirás noticias de un buen matrimonio.

AUTÓMATA.—Es indicio de incapacidad para los negocios.

AUTOMÓVIL.—Ahorra ahora que puedes, pues vendrán malos tiempos y no tendrás con qué afrontarlos. Si piensas comprar un auto, fíjate si lo podrás sostener, pues de otro modo, solamente harás el ridículo ante tu familia y tus amistades.

AUTOPSIA.— Si la estás presenciando en sueños, negocios llenos de dificultades. Si la practicas, obstáculos sin superación.

AUTOR.—Negocio fatal, pérdida de dinero. Soñar ser autor, miseria y vanidad. Vanas esperanzas.

AVARO.—Si sueñas que eres un avaro, pronto recibirás una herencia, pero tu ineptitud estropeará un buen negocio que se te presentará.

AVENA.—Si la ves en los campos maduros, prosperidad. Si la contemplas segada, indica que padecerás miseria.

AVESTRUZ.—Asistirás a una conferencia que resultará muy aburrida.

AVISPAS.—Penas y fastidio. Serás víctima de persecuciones.

AVIÓN.—Si has pensado hacer un viaje en fecha próxima, éste te traerá muchas y muy bellas emociones, pero debes tomar tus precauciones, porque existen ciertos peligros en ese viaje.

AYUDAR.—Viaje lleno de peligros por falta de dinero.
AZOGUE.—Cambio de suerte.
AZOTAR.—Felicidad en el amor de los solteros, en los casados dicha y bienestar en el himeneo.
AZÚCAR.—Falsedades.
AZUFRE.—Pureza.
AZUL.—Esperanzas engañosas.

B

BABA.—Alegría. Buen casamiento seguido de una herencia.
BABUCHA.—Susto. Mal gobierno.
BACÍN.—Es indicio de que gozarás de buena salud. Tesoro escondido.
BACO.—Soñarlo, indica un mal año para la agricultura.
BÁCULO.—Murmuraciones y maledicencias. Vejez prolongada.

BADAJO.—Si necesitas consejos acude a tus padres. Si en sueños se ve el badajo de una campana, indica que tendrás en tus negocios más ruido que provecho.
BAILARINA.—Tus desgracias las puedes mejorar tú mismo si te esfuerzas un poco. No vayas a pasar por debajo de una escalera. Si sueñas con una bailarina, cuida mucho tu reputación.
BAILE.—Si sueñas que estás en un baile, indica alegría, placer, recreación. También indica próximo matrimonio.
BAJAR.—Augura tormentos.
BAJEL.—Una persona conocida pronto te hará reclamaciones.
BALANZAS.—Pronto apelarás a la justicia. Al intentar lo que deseas, nunca lo hagas con mala fe, pues lo que se hace con doble intención, siempre sale mal.
BALAS. — Soñar con balas de plomo, es indicio de que te acecha un grave peligro en tiempo no muy lejano.

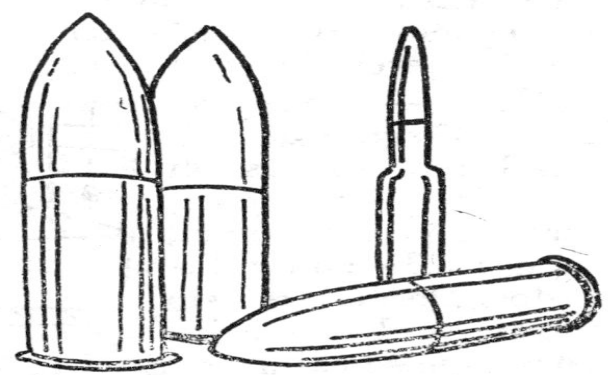

BALAZO. — La persona que sueñe con un balazo, es augurio de que padecerá escasez de medios. También peligro extremo.
BALCÓN.—Buena suerte. Pronto tendrás oportunidad de tratar con alguna persona de la alta sociedad.
BALSA.—Se descubrirá un secreto que originará grandes disgustos. Sé precavido y no habrá peligro.
BÁLSAMO.—Buena reputación.

BALLENA.—Te verás envuelto en un grave peligro. Si está en alta mar, recibirás un socorro imprevisto. Ballena de corsé, placeres de amores fáciles. Sabrás de un matrimonio.
BANCARROTA.—Feliz desenredo. Despacho de buenos negocios.
BANCO.—Buen éxito en la sociedad. Si es banco de madera, promesas que se habrán de realizar. Si es de hierro, regalos que se te harán. Banco de iglesia, mal casamiento. Banco de arena, augura buena salud.
BANDERA.—Si la ves en sueños, ondear, indica graves peligros. Temores bien fundados. Si sueñas con llevarla, es signo de honor.
BANDOLEROS.—Si en sueños te ves atacado por bandoleros, pronto perderás a tu padre, madre o hijos. Ten siempre un arma en la mano.
BANQUETE.—Si es nupcial, alegría y prosperidad en los negocios. Si te sueñas en un banquete cualquiera, indica placeres demasiado costosos que conviene evitar.
BAÑO. — Preparar un baño, signo de una batalla; si sueñas un baño lleno de agua, pero sin persona en él, augura aflicción y disgustos. Desnudarse sin entrar en el baño, disgusto que se calmará. 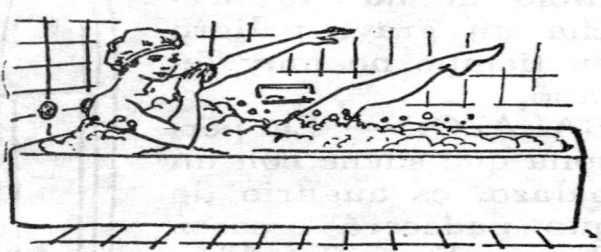 Si el baño está caliente, disgustos familiares. Si está de calor moderado, indica prosperidad y salud. Baño de mar, honores sin provecho.
BARBAS.—Si sueñas que tienes barbas largas y hermosas, todos tus negocios se realizarán a pedir de boca. Si la barba es negra, augura penas y miserias. Barba

roja, sabrás de alguna falta grave. Si la barba está afeitada, pérdida de bienes y de honores. Afeitar a una mujer, es signo de muerte. Soñar con una muchacha bonita con barbas anuncia próxima boda, con mucha descendencia. Si una mujer encinta se sueña con barbas, su hijo seguramente será un varón. Si sueñas que pierdes las barbas, pronto tendrás noticias de la muerte de un pariente. Lavarse las barbas, indica tristezas y enfermedades. Ver una barba de plata, tu novia o tu esposa te engañará.

BARBERO.—Enredos y cuentos de vecindad. Soñar a la mujer del barbero, indica tribulaciones. Tendrás mucho cuidado para librarte de ellas.

BARCO. — Pasearse en un barco es señal de alegría y buen humor, acierto en tus negocios. Si el agua está agitada indica que tendrás muchas dificultades con tus socios. Ver una barquilla indica peligro.

BARNIZ.—Engaño descubierto.

BARQUERO.—Amores puros. Anuncia un hijo robusto.

BARRACA.—Algún familiar tuyo se encuentra con muchas deudas.

BARRANCO.—Indica que sabrás de un galán que huyó dejando triste a su novia.

BARREÑO.—Si está vacío, indica felicidad; si está lleno, disgusto y malos ratos.

BARRER.—Salud y bienestar. Si estás barriendo una bodega, malos negocios. Si es tu casa la que estás barriendo, desconfianza y buena fe.

BARRERA.—Podrás superar todos los obstáculos que hasta ahora creías invencibles.
BARRICADAS.—Espanto y terror. Graves disgustos entre parientes cercanos.
BARRILES.—Si sueñas con barriles, tendrás abundancia de todo. Cuando te encuentres en desgracia, no te sientas abatido, anímate y la fortuna te sonreirá, siempre y cuando trabajes con tenacidad. Si sueñas con toneles, debes tener precauciones con los falsos amigos.
BARRO.—Si te sueñas lleno de barro, tendrás males físicos. Resbalar y caer en el barro, indica fortuna. Sacarlo del río, prosperidad material.
BÁSCULA.—Grandes disgustos precedidos de sucesos agradables. Bienes en fortuna.
BASTÓN.—Si lo compras, te salvarás de un grave peligro. Si te sueñas apoyado en él, indica enfermedades. Si estás golpeando o te golpean con él, daños materiales.
BASURA.—Pronto sabrás de alguien que huyó del hogar paterno.
BATIDA.—Si el sueño es una batida contra forajidos augura beneficiosas excursiones.
BATALLA.—Soñar en el campo de batalla es indicio de riesgo de persecuciones.
BATIRSE.—Si te estás batiendo con una serpiente, triunfo sobre un enemigo poderoso. Si es con un perro, indica fidelidad. Si es con un gato, traiciones y bajezas.
BAUTISMO.—Asistir a uno, presagio feliz. Si es el bautismo de un buque, viaje imprevisto.
BAYONETA.—El soñarse portando una bayoneta es señal de que algo terrible ocurrirá.

BAZAR.—Orgullo castigado.
BEATA.—Si sueñas con una beata, tus amistades te causarán disgustos.
BEBEDORES.—Si sueñas bebedores alrededor de una mesa, indica buenas ganancias en las empresas que se emprendan. Estar como parte integrante de una reunión, es indicio de que en fecha no lejana, tendrás noticias de un matrimonio amigo.

BEBER.—Si el agua está fría, grandes riquezas. Si es algún líquido caliente, indica enfermedades. Si es agua tibia, tendrás disgustos entre tus familiares o amigos.
BEBIDA.—Dejarás de cumplir algún deber.
BECADA.—Augura afición a la bebida.
BELLOTAS.—Comerlas, indica prosperidad, bienestar y fortuna.
BENDECIR.—Si sueñas que estás bendiciendo a alguna persona, tendrás aflicción pasajera. Si te están bendiciendo a ti, alegría y bienaventuranza.
BENEFICIO.—Si sueñas recibirlo de un hombre poderoso, pronto tendrás un buen camino de fortuna. Ofrecerlo, indica ingratitud. Si es de una mujer quien se recibe, amistad y fraternidad.
BARROS.—Si te sueñas con barros en la cara, tendrás penas y dificultades en tus negocios o empresa.
BERBEQUÍ.—Si sueñas que lo compras, recibirás ayuda y saldrás de una situación angustiosa. Si lo estás usando en el sueño, te defenderán de un grave peligro.

BESAR.—Si es la tierra la que se está besando, humillación y pesares. Besarle las manos a alguien, provecho en las empresas. Dar un beso en la cara de alguien, alcanzarás el éxito que estabas esperando.

BESTIAS.—Ser perseguido en el sueño por alguna bestia, indica ofensas. Verlas correr, desgracias y tribulaciones.

BIBERÓN.—Pronto tendrá noticias el que sueña con biberones, del nacimiento de un niño, hijo de un pariente o de un amigo.

BIBLIA.—Ver la Biblia en sueños, indica calma y paz en la conciencia. Leerla, íntima alegría.

BIBLIOTECA.—Consultarás a un sabio o a alguna persona con cierto título.

BIENES.—Soñar que tienes muchos bienes es señal de tristeza y amargura. Hacer un bien, indica satisfacciones y paz en el alma.

BIGOTES.—Si son largos, indica que pronto aumentará tu fortuna.

BILIS.—Perversidad.

BILLETES.—De banco (dinero), indica un triunfo en amor. Billetes de lotería, si tiene números, compre unos con las tres últimas cifras. Si no tiene números, es señal de gastos inútiles.

BIRLOCHA.—Fama que pasará pronto.

BIRLOCHO.—(CARRUAJE).—Si vas dentro, tendrás fortuna. Si vas atrás de él, indicio de que serás víctima de calumnias y maledicencias.

BILLAR.—Ver jugar al billar, indica incertidumbre en los negocios. Vanas tentativas.
BIZCOCHO.—Buen lucro en los negocios. Comerlo, buena salud y abundancia.
BLANCO.—El que sueña vestido de blanco, tendrá una gran alegría.
BLUSA.—Soñar con ponerse una blusa, viaje seguro. Si está sucia, recibirá una mala noticia. Quitársela, recaída de un convaleciente.
BOCA.—Ver una boca grande, indica riqueza y prosperidad. Pequeña, desprecio por parte de amigos.
BODA.—Verse en una boda, indica una íntima satisfacción al que lo sueña.
BODEGA.—Enfermedades y tribulaciones.
BOFETADA.—Signo de concordia y paz en el hogar, si el que sueña es el que la da.
BOLOS.—Ver jugar los bolos, indica desgracias personales. Verlos caer, pérdidas en los negocios.
BOLSA.—Si está llena, indica aflicción y tristeza. Una bolsa vacía es señal de alegría, buen humor y comodidades.
BOMBA.—Sacar agua de una bomba, alegría y contento. Beneficio. Verla seca, pobreza y fallecimiento.
BOMBEROS.—Soñar con un bombero, indica aptitud para los negocios.
BONETE.—Hallazgo inesperado de cartas o documentos que se creían perdidos.
BORRAJA.—Verla en el campo, cesarán los disgustos. Buena marcha en los negocios.
BORREGO.—Cuando sueñas con borregos, es indicio de una aflicción causada por partes superiores.
BORRICO.—Tendrás noticias de la muerte de alguna persona a quien tú apreciabas.

BORRÓN.—Sabrás de un desafío. Siendo amable, ganarás más que siendo maldoso.
BOSTEZO.—Muerte poco sentida.
BOTAS.—Ponerse unas botas nuevas, indicio de riqueza segura. Ver unas botas viejas, signo de desearlas.
BOSQUE.—Soñarse en un bosque, extraviado, augura muchas preocupaciones.
BOTELLAS.—Si el que sueña las botellas las ve llenas, indica que gozará de alegría y buen humor. Si están rotas, es signo de tristezas.
BOTICA.—Boda por interés de algún conocido.
BOTICARIO.—Casamiento por interés.
BOTONES.—Soñar con botones significa que un amigo íntimo, le ocasionará dificultades al que lo sueña.
BRACERO.—Ten cuidado, pues un perro rabioso te morderá.
BRASERO.—Una persona allegada sufrirá un accidente. ¡Cuidado con el gas!
BRAVO.—Si sueñas que estás demostrando ser valeroso ante el peligro, te apreciarán tus amigos. Si demuestras ante la desgracia, indica que tienes un carácter bien definido, que te hará realizar todos tus anhelos, sin temor a los obstáculos que se te presenten.
BRAZALETE.—Extraviarlo, grandes pesares. Venderlo, pérdidas de fortuna. Comprarlo, buenas noticias y dichas.
BRAZOS.—Fuertes y robustos, son signo de felicidad. Verlos grandes y robustos, indica alegría y provecho en los negocios. Velludos, indica adquisición de nuevas riquezas.

BRAZO.—Si se sueña que tiene un brazo cortado, augura la muerte de algún pariente de sexo masculino, si el brazo es el derecho; si es el izquierdo, la muerte será de una mujer. Si los brazos son amputados, señal de cautiverio y pobreza. Si se sueñan los brazos flacos o rotos, señal de enfermedad y penalidades. Si se sueñan los brazos o el brazo de una mujer casada, pronto se quedará viuda. Si el que tiene este sueño de brazos, es un personaje de alto rango, indicio de un desastre público, como epidemias, inundaciones, etc. Si los brazos están hinchados, riqueza. Brazos bien torneados y fuertes, felicidad, salida de apuros o curación de enfermedades. Verlos más grandes de lo normal, signo de alegría y provechos. Si los brazos están velludos, adquisición de nuevas riquezas.

BRIDA.—Alguien de tu casa sufrirá una enfermedad grave.

BRINDIS.—Alegría, pues pronto sabrás de algún niño que nació.

BROCHA.—Si se sueña que están pintando la casa con una brocha, augura alegría.

BROCHES.—Si sueñas que los están comprando, falsa alarma. Venderlos, asociación de enemigos tuyos. Cuídate mucho. Perderlos, falsa acusación.

BRUJA.—Tendrás algunas dificultades, si es que has soñado con brujas. Puedes perder tu empleo. Ten cuidado al caminar, pues una cáscara de fruta puede ocasionarte una caída y fracturas en el cuerpo. Consulta un libro de quiromancia.

BUENAVENTURA.—Dicha por una gitana, está alerta con tus enemigos. Si se le dicen al que sueña, celebridad y buena suerte.

BUEYES.—Labrando la tierra, indican tranquilidad y paz. Enfurecidos, tormentos. Si se les ve retozando en el campo, ganancias ciertas.

BÚHO.—En poco tiempo, el que lo sueña, tendrá noticias de los funerales de un amigo.

BUITRE.—Enfermedades peligrosas. Si se obtiene triunfo en una lucha contra el buitre, es signo de cobrar la calma perdida. Fortuna favorable.

BUJÍA.—Si la bujía está ardiendo es augurio de un feliz nacimiento. Muchas bujías a la vez, es augurio de muerte repentina.

C

CABALLETE.—Si es nuevo, engaño de mujer.

CABALLERÍA.—Este sueño es indicio de desolación. Tome sus precauciones contra una caída de caballo. No olvide que existe la ley de Dios.

CABALLERO.—Si es mujer la que sueña, indicio de una aventura amorosa. Si es hombre, tenga cuidado, un amigo le hará una mala acción.

CABALLO. — Soñar con un caballo es, en todo momento, signo de buena suerte. Montarlo, indica éxito seguro. Castrarlo, señal de peligro por una falsa acusación. Si sueñas con un caballo de color negro, augura la 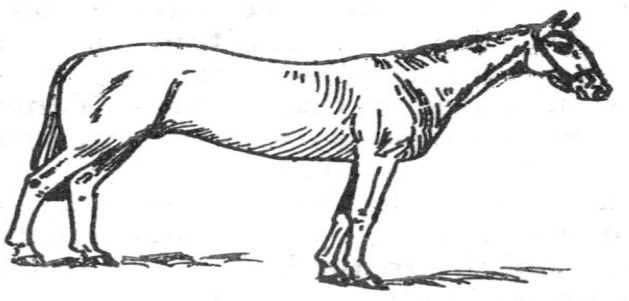 boda con una mujer rica, pero mala; si el caballo es blanco, será buena y bella y tendrán buenas ganancias entre los dos. Un caballo cojo augura obstáculos en los negocios. Verlo correr, señal de buen tiempo. Tus deseos se cumplirán. Ir a caballo, indica provecho mal cuidado. Ruina y traición. Si está bien colocada la silla y los arreos, presagia buenos negocios.

CABAÑA. — Trabajos penosos.

CABELLOS. — Si son negros y encrespados, indican tristezas e infortunio. Si están bien peinados, amistad y buenos negocios. Si los cabellos se están desprendiendo, pérdida de buenos amigos. Cabellos enredados, señal de pleitos difíciles. Ver encanecer el cabello, carecer de dinero, falta de fondos. Si se sueña a una mujer sin cabello, hambre y enfermedades.

CABEZA. — Si sueñas una cabeza sin cuerpo, indica libertad. Si la cabeza es blanca, augura alegrías. Lavársela, te preservarás de algún peligro si has tenido este sueño. Cortarla, debes jugar a la lotería, es posible que obtengas algún premio. Si un enfermo sueña que le cortan la cabeza, es señal de que pronto sanará. Soñar ver cortar una cabeza, es signo de buena suerte, pues se pagarán sus deudas, aumentará su capital y tendrá relaciones con personas de alta alcurnia. Si sueñas que te decapitan, se allanarán todas tus preocupaciones. Si sueñas con una cabeza mal formada, desanimarse y deshonores. Tenerla más grande de lo normal, augurio de poderes, riquezas y fortunas. Soñar tener una cabeza de lobo o de cualquier otro animal, señal de buen éxito en los negocios, respeto y consideraciones. Si sueñas que tienes un mal en la cabeza, olvídate de los que te deben, pues tarde o nunca te pagarán. Tener dos cabezas, pronto te asociarán en un buen negocio. Si sueñas con una cabeza de negro, indicio de viajes al extranjero. Si sueñas que tienes tu cabeza en las manos, ten cuidado, pues estás en peligro de perder a tu esposa o alguno de tus hijos.

CABLE.—Recibirás noticias de deudores y corresponsales.

CABRAS.—Si son blancas, provechos; si son negras, indican infortunio.

CABRÍO.—Si ves un rebaño de estos animales, señal de una buena herencia.

CABRIOLAS.—Si sueñas que estás haciendo cabriolas, cuida tu trabajo, pues indica que estás en peligro de perderlo. Si las ves ejecutar, todo cambiará y te sobrevendrá algún bien.

CACAO.—Recibirás notiicas de alguna amante lejana.

CADALSO.—Verse en él, es augurio de que será objeto de honores y dignidades.

CADÁVER.—Besar a un cadáver, es augurio de que se disfrutará una larga vida.

CADENA.—Si sueñas que las rompes, anuncia que tendrás tormentos morales. Si las llevas, es signo de privaciones y gastos imprevistos, pero seguido de satisfacciones.

CAFETERA.—Si está vacía, inútil esperanza. Si está llena, buenos negocios. Si sueñas que compras una, te verás envuelto en un pleito de fincas y de herencias. Si ves que el café se derrama de la cafetera te conviene que te lean una taza de café.

CADERAS.—Soñar con unas caderas grandes, es signo de alegría y prosperidad. Verlas rotas, pérdida de hijos.

CAER.—Sentirse caer, indica estar en una posición oscura y desagradable. Caer y levantarse, signo de honores. Verse caer en el agua o en el mar, indica sobresaltos.

CAFÉ.—Estar tomando café, signo de larga vida. Tostar café, sorpresa agradable. Hallarse solo en un café, anuncia abandono.

CAJA.—El que sueña con una caja, pronto será objeto de una distinción inesperada.

CALABAZA.—Curación de alguna enfermedad.

CALABOZO.—Entrar en un calabozo, indica salud; permanecer en él, indica grandes consuelos.

CALAVERA. — El que sueña con una calavera es presagio de que sufrirá trampas y acechanzas por parte de falsos amigos. Si concurre a una reunión donde estén varias calaveras, deberá cuidarse por parte de varios que se dicen sus amigos, ya que tratarán de sacarle ventaja en las empresas o negocios que le propongan. Si es una reunión de calaveras, signo de que tendrá atenciones por parte de mujeres.

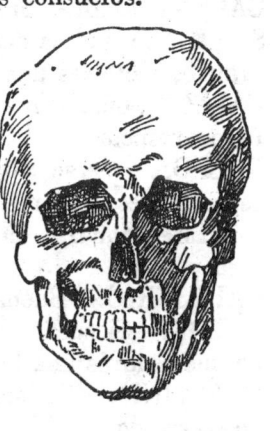

CALCETINES.—Si no deseas que te arruinen, ten mayor cuidado en todos tus asuntos y economiza más, pues pronto verás tu bancarrota. Si sueñas con sólo un calcetín, tendrás molestias y dificultades con tus parientes.
CÁLCULO.—Si sueñas que estás haciendo cálculos y te salen bien, tus negocios marcharán sobre ruedas. Si sueñas que te equivocas, tendrás obstáculos y dificultades en una empresa. Ten cuidado con el tiempo de lluvias.
CALDERA.—Propósito frustrado.
CALDERO.—Si sueñas con un caldero, te verás envuelto en un chisme que se hará grande y te calumniarán. ¡Cuidado!
CALDO.—Intrigas por celos. Usa algo color negro y no te olvides de que existe la astrología.
CALENDARIO.—El que sueña con verlo, tendrá noticias inesperadas.
CALENTURA.—Gran ambición.
CALENTADOR.—Si es con fuego, negocios prósperos. Si está frío, indica deudas. Si sueñas que lo estás comprando, recibirás una herencia de fortuna, inesperada.
CÁLIZ.—Soñar con un cáliz, indica que tienes un profundo respeto por las cosas religiosas.
CALLOS.—Verse con ellos, indicio de disgustos y calamidades. Pesares.
CALLE.—Soñarse en una calle estrecha y oscura, indica peligro.
CALOSFRÍO.—Buena fortuna, indicio de buena salud.
CALOR.—Si sueñas que tienes mucho calor es indicio de que tendrás una larga vida.
CALUMNIA.—Te solicitarán algunos favores. Castigo merecido.

CALVO.—El que sueña que ya se quedó calvo, es augurio de que se aficionará a las bebidas alcohólicas. Observar a otra persona que padece de calvicie, es signo de que sus bienes y fortuna, en poco tiempo, los derrochará hasta quedar en la miseria. Concurrir a una reunión en la que hay varios calvos, es augurio de que triunfará en los negocios o empresas si es que establecen una sociedad.

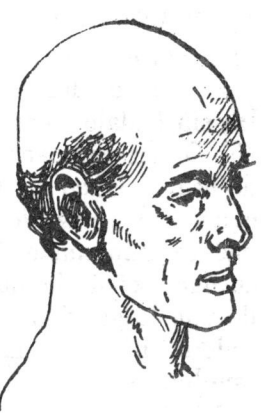

CALZADO.—Soñarse bien calzado, provecho y bienestar. Mal calzado indica lo contrario.
CALZONES.—Confianza.
CAMA.—Soñar una cama limpia y bien hecha, anuncia seguridad. En desorden, secreto que se descubrirá. Estar solo en una cama, peligro.
CAMELLO.—Soñar con un camello, presagia que las dificultades hogareñas, llegarán a su fin. Presagia riqueza en los negocios.
CAMINO.—Ver un camino recto y despejado, indica prosperidad. Cenagoso, se tendrán que superar muchos obstáculos.
CAMISA.—Llevar una camisa rota, indica buena suerte en todos los negocios. Quitarse la camisa, vanas esperanzas.
CAMPAMENTO.—Hallarse en un campamento, engaño de falsos amigos.
CAMPANARIO.—Soñar con un campanario, indica poder y fortuna. Si el campanario está en ruinas, pérdida del empleo.

CAMPANAS.—Oírlas tañer, indica alarmas y falsas querellas por parte de los enemigos. Verlas sin badajo, signo de impotencia. Si las campanas están fuera de uso, es signo de que se tendrá éxito en los negocios o empresas que se emprendan. Si no se escuchan, señal de que se gozará de una larga vida, en paz y duradera en compañía de toda la familia.

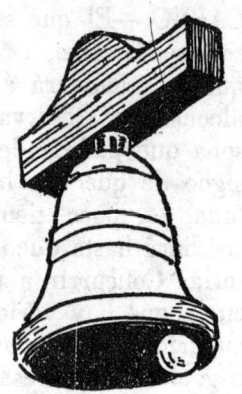

CAMPO.—Verse en un campo florido y bello, indica virtud y trabajo.

CANARIO.—Ver a un canario en sueños, es presagio de un viaje que se hará de manera inesperada. Verlo en la jaula, indicio de poco triunfo en los negocios o llevar una vida de poca acción y actividad.

CANASTA.—Soñar con una canasta, presagia la vista de una buena amiga que hace tiempo no sabemos de ella.

CANCIÓN.—Soñar que se está cantando, indica malas compañías. Oírla cantar, serás víctima de traiciones amorosas.

CANDELERO.—Verlo apagado, indica la muerte de algún ser querido. Encendido, felicidad. Con la luz tenue y vacilante, dificultades en los amores.

CANDILEJAS.—Si las sueñas encendidas, señal de dicha y de alegría. Si están apagadas, indica miserias. Si la llama está vacilante, dificultades en los amores.
CANGREJOS.—Verlos caminar sobre la arena, presagia enredos y separación.
CANÓNIGO.—Recibiréis una noticia triste.
CANSANCIO.—Sigue tu camino y no te importen las dificultades, al final vencerás.
CANTAR.—Si oyes cantar, indica fortuna para la vejez. Si te solicitan que tú cantes, señal de amarguras.
CÁNTARO.—Soñar con un cántaro, significa pérdida.
CÁNTICOS.—Oírlos en sueños, empresas con buenos frutos. Estarlos leyendo, tu conciencia se encuentra tranquila. Si sueñas que los estás componiendo, es que tendrás ideas elevadas.
CANTO.—Si oyes cantar a los pájaros, indica placeres y alegrías. Si oyes cantar a una persona, es que tienes seguridad en tus negocios o empresas.
CANTOR o CANTATRIZ.—Suspiros.
CÁÑAMO.—Tendrás un justo premio a tus trabajos.
CAÑAS.—Ver cañas en el sueño, significa riesgo de ruina en los negocios.
CAÑÓN.—Verlos en sueños, indica disgregación de una compañía.
CAÑONAZO.—Oír un cañonazo en sueños, presagia ruina. También indica quebrantos en las empresas o en los negocios.
CAÑOS.—Maledicencias.
CAOBA.—Disfrutarás de comodidades y gozarás de buena y larga vida.
CAPA.—Soñarse con una capa, significa que recibiréis dignidades. Ver la capa grande, indica traición o desafío a muerte.

CAPILLA.—Ver una capilla significa vuelta al buen camino. Sentimientos leales.
CAPUCHINO.—Reconciliación con alguna persona que es muy apreciada. Ten cuidado, pues puedes perder todo lo que has ganado.
CARA.—Si la cara es bonita, es señal de larga vida y honores.
CARACOL. — Se recibirán noticias halagadoras de una persona a quien se creía difunta. Para los negocios, emprenderlos con debidos estudios.

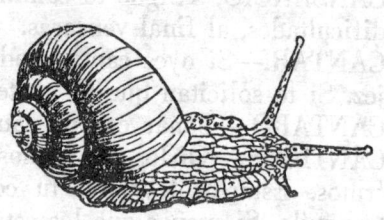

CARACOLEAR.—Ver caracolear a los caballos, indica que eres muy aficionado a los viajes y a las aventuras.
CARBÓN.—Soñarlos encendidos, se aconseja que se tomen precauciones contra enemigos. Apagados, presagian muerte o enfermedades de personas queridas.
CARBONERO.—Si sueñas a alguien haciendo carbón en el bosque, sabrás de grave accidente, que tal vez cause la muerte. Si sueñas a alguna persona vendiendo carbón, falta de honradez. Comprar carbón, traiciones, infidelidades.
CÁRCEL.—Entrar en una cárcel significa salvación. Salir de la cárcel, presagio de que estás en peligro de muerte. Que permanecerás en ella mucho tiempo, indicio de que tendrás una vida de plena libertad.
CARDENAL.—Progresarás en tu trabajo o en tus estudios.
CARETA.—Soñar colocarse una careta, augura engaños y falsos amigos.

CARIDAD.—El que sueña que hace una caridad, recibirá noticias de una desgracia. Recibir una caridad, significa buen corazón.
CARESTÍA.—Abundancia. Consuelo a tus pesares. Bienes de fortuna.
CARNAVAL.—Si no pones suficiente atención en tus negocios, pronto sufrirás, irremediablemente, una total ruina.
CARNE.—Si sueñas que estás comiendo carne humana, anuncia bienes de fortuna adquiridos por medios ilícitos. Si la carne está sangrienta, tendrás mucha felicidad; en cambio, si la ves negra y podrida, indica traiciones y deslealtades.
CARNEROS.—Indica buena suerte.
CARPA.—Pronto perderás a un buen amigo.
CARRETAS.—Ver carretas en sueños, significa escándalo público, pérdida de honores.
CARRETÓN. — Si tu sueño es que vas conduciendo un carretón es indicio de que en poco tiempo lograrás un buen negocio que te rendirá muy buen dinero y con poco esfuerzo.

CARRETILLAS.—Soñarlas indica que tienes malos instintos, quítate eso de la cabeza. Si las tienes a tu servicio, indica que tendrás muy buenos negocios. Ve en el libro de numerología, el billete que debes comprar y a lo mejor te sacas un premio en la lotería.
CARRILLOS.—Gordos y rozagantes, dichas. Flacos y pálidos, adversidades y malos negocios.
CARRO.—Honores inmerecidos.

CARROZA.—Ir dentro de una carroza augura riquezas.

CARTAS.—Si sueñas que escribes cartas a tus amigos, pronto recibirás buenas noticias.

CARTERA.—Encontrarla en sueños o tenerla en las manos, indica misterio.

CARTERO.—Noticias de alguien ausente.

CARTUCHOS.—Recelos, temores y desconfianza. Consulta el oráculo.

CASA.—Edificarla, indica pérdidas y enfermedades. A veces es presagio de muerte. Si la casa está ya terminada, satisfacciones. Ver temblar una casa, augura pérdidas de bienes o pleitos.

CASACA.—Si sueñas que te la estás poniendo, es indicio de vejez prematura. Verla solamente, indica que tienes amigos influyentes.

CASAMIENTO.—Casarse en sueños, es, generalmente, señal de melancolía y enfermedades. Ver un casamiento, presagia defunción de algún conocido.

CASCADA.—El que sueña con una cascada, tendrá pronto un matrimonio feliz.

CASCO.—Si sueñas que lo llevas puesto, es vana tu esperanza. Si sueñas que ves muchos cascos, indica que entre tu familia hay muchas discordias.

CASQUETE.—Prosperidad asegurada. Acude a la peluquería.

CASTAÑAS.—Encontrarlas y comerlas es señal de que sabrás de un tesoro oculto.

CASTILLO.—Resistencias.

CATACUMBAS.—Gozarás de felicidad en la otra vida. Recuerde el que esto sueñe, que polvo es y en polvo se convertirá. No ser tan orgulloso.

CATAPLASMA.—Augura una penosa enfermedad por mucho tiempo y de gran convalecencia.

CATECISMO.—Tienes que ser caritativo. Ama a tu prójimo y toma ejemplo de personas honradas y de buen corazón.
CAUTIVERIO.—Ilusiones realizadas.
CAVERNA.—Navegación. Irás a un viaje, pero ten cuidado el día que te embarques.
CAZA. — Cobrar numerosas piezas en la cacería es augurio de que podrás emprender varios negocios que te rendirán buenos beneficios. Cazar una sola pieza, que vigiles tu negocio para que no vaya a la ruina.

CAZUELA.—Alguien, pronto se enamorará de ti.
CEBADA.—Soñar con cebada indica riquezas.
CEBOLLAS.—Penas amorosas.
CEDAZO.—Si lo sueñas nuevo, indica economía en tu hogar. Usado, cuida tu dinero, pues lo estás utilizando en lujos excesivos.
CEDRO.—Serás un anciano feliz, rodeado de toda tu familia.
CELOS.—Si en sueños se sienten celos, se casarán en poco tiempo y con felicidad. Si alguien los tiene del que está soñando, augura que será víctima de una mala acción.
CEMENTERIO.—Soñar con un cementerio es signo de buena fortuna.
CENAR.—La persona que tiene este sueño debe tomar sus precauciones, pues sufrirá próxima enfermedad.
CENIZA.—Una persona de tu familia padecerá grave enfermedad. Presagio de luto.

CENTINELA.—Ver un centinela, indica desconfianza, inseguridad.

CEPILLO.—Pérdida de dinero. El que sueña debe tener cuidado cuando sueñe con cepillos.

CERA.—Prosperidad en el trabajo.

CERDO.—Enfermedades y penas.

CEREBRO.—Soñarlo en buen estado y sano, indica dicha y contento. Soñarlo enfermo, indica lo contrario.

CERRADURA.—Hurto.

CEREZAS.—Verlas en sueños, augura dicha y placer. Estarlas comiendo, augurio de que recibirás buenas noticias.

CERROJO.—Disgustos entre esposos.

CERVEZA.—El que sueña que la bebe, augurio de fatiga y cansancio.

CESTA.—En fecha próxima aumentará el número de la familia.

CHARLA.—Soñar estar charlando, indica murmuraciones.

CICATRIZ.—Ver una cicatriz abierta, indica generosidad. Curada o sanando, ingratitud.

CIEGO.—Soñar que uno pierde la vista presagia traiciones por parte de los amigos.

CIENO.—Soñarse en el cieno, augura una muerte repentina.

CIERVO.—Cuando el que está soñando los ve correr, indica ganancias. Matarlos, augura una próxima herencia inesperada. Triunfo sobre las intrigas de los enemigos.

CIGARRAS.—Suelen predecir robos o malos resultados en los negocios.

CIGARRO.—Fumarlo indica victoria. Apagarlo, desgracias.

CIGÜEÑA.—Ver una o varias volando, presagia que en poco tiempo se aproximarán unos enemigos con objeto de causarte daños y malestares. Hay que tomar precauciones. Verlas en un lugar, estacionadas, tendrás que acelerar tu actividad e ímpetu en los negocios o empresas de tu propiedad. Con calma, tu carácter no sufrirá contratiempos.

CINTURÓN.—Llevar un cinturón puesto en sueños, presagio de honores. Si el cinturón está viejo, anuncio de penas y trabajos.

CIRIO.—Verlo encendido, casamiento seguro.

CIRUELAS.—Comerlas, indica trampas. Verlas, significa penas.

CITA.—Si se sueña con tener una cita amorosa, indica que se tendrán placeres, pero muchos peligros.

CISNE.—Si el cisne es blanco, augura gozos y salud. Si es negro indica riña entre familiares. Si se le oye cantar, presagio de muerte de algún amigo o conocido.

COCODRILO. — A la persona que sueña con él, se le recomienda cuidado, pues un supuesto amigo, le resultará muy peligroso y le ocasionará muchos males.

COCHE.—Soñar ir en un coche, indica un próximo nacimiento.

CENADOR.—Si está cubierto de verduras, señal de penas y cuidados.
CENCERRADA.—Pérdida de fortuna. Mal matrimonio.
CENTENARIO.—Honra siempre a los ancianos y experimenta de sus consejos. Herencia de algún pariente lejano.
CEREMONIA.—Religiosa, indica que tiene sentimientos puros y honrados. Pública, falsos amigos y pasajeras diversiones.
CERRADURA.—Cuídate, pues pronto sufrirás un robo. Cambia las combinaciones de tus cerraduras, pues alguien te está observando y quiere sorprenderte.
CERTIFICADO.—Si lo solicitas, indica honradez. Si lo das, dudosa honradez.
CERVECERÍA.—Placeres.
CETRO.—Ambiciones desmedidas. Ver muchos, indica miseria.
CICUTA.—Tomarla, prósperos negocios. Verla tomar, desgracias en la familia.
CIELO.—Ver el cielo con un fulgor puro y reluciente, anuncia peligro de parte de algún personaje. Verlo encendido, augura ataques de enemigos peligrosos. Pobrezas y desolación que vendrán por la parte del cielo donde se vea lo encendido. Si es sereno y sembrado de flores, la verdad se descubrirá. Soñar subir al cielo indica gran honor.
CIFRAS.—Si llegan a cien, incertidumbre. Si pasan de esa cantidad, buenos logros.
CINTURA.—Ceñirla, abstinencia. Soltarla, malos pensamientos y libertinaje.
CIPRÉS.—Malos negocios. Muerte o aflicción.
CÍRCULO.—Sal de él y no permanezcas ahí.

CIRCUNCISIÓN.—Si sueñas que la practicas, pronto insultarás a alguien. Si a ti es a la persona que la practican, tu honor será desvirtuado.
CIUDAD.—Si sueñas una ciudad habitada, indica riqueza y prosperidad. Si la sueñas incendiada, hambres y miserias.
CIUDADELA.—Esclavitudes. Enciende una vela nueva para contrarrestar el mal tiempo.
CIZAÑA.—Tus ilusiones se realizarán, pero debes seguir otro procedimiento si deseas volver a vencer.
CLARABOYA.—Si sueñas la claraboya de un barco, tus amores se verán contrariados.
CLARIDAD.—Soñar con mucha claridad, es solución a un viejo litigio. Recibirás buenas noticias de un ser querido que está ausente.
CLAUSTRO.—Tus votos serán dispensados. No te fíes de malos amigos.
CLAVO o CLAVAR.—Sueño de mal agua, pues te verás envuelto en una calumnia, pero tu buen nombre volverá a brillar.
CLIENTELA.—Tus negocios prosperarán.
CLOACA.—Si el que sueña cae en ella, se casará con una mujer de condición muy baja, pero la elevará. También indica este sueño falsedades.
COBARDÍA.—Pésimo augurio, pues trae disgustos y desgracias.
COBRE.—Su sueño con el cobre rojo, traerá muerte y enfermedades. Pero si es amarillo, prosperidad en los negocios o una buena herencia.
COCHE.—El nacimiento de un niño originará grandes sorpresas. Si el coche es antiguo, indica que tendrás poco dinero, pero muchas pretensiones sin motivo. La gente se entera de todo, no te esfuerces en ocultarlo.

COCIDO (PUCHERO).—Serás presa de melancolías y tristezas.
COCINAR.—El sueño de estar guisando, augura habladurías y chismes de mujeres sin escrúpulos.
CÓDIGO.—Este sueño indica que debes evitar un pleito que te amenaza.
CODO.—Sorpresas muy desagradables. Chismes y maledicencias.
CODORNICES.—Este sueño predice malas noticias que te llevarán por el camino del mal. Robos, acechanzas y dificultades. Oírlas cantar, deudas de poca monta. Comérselas, indica que pagarás tus deudas y saldrás de compromisos. Desnidarlas, te traerá desgracias e ingratitudes.
COGER.—Fruta, avaricias. Quien mucho abarca, poco aprieta. Flores, amores correspondidos de parte de persona que creías imposible.
COHETES.—Rápido triunfo.
COJO.—Mal signo, indica pereza, inacción y estado vergonzoso para la persona que cojea. Si el que sueña que cojea es rico, presagia próxima ruina.
COL.—Desgracias.
COLA.—Deshonores. Si la cola es de caballo, dicha y beneficios, según lo largo de la cola, pero si ésta está cortada, indica que lo abandonarán sus servidores o amigos.
COLACIÓN.—Si eres rico no te envanezcas, que cuando menos lo pienses, puedes dejar de serlo.
COLADOR.—Prosperidad y dicha familiar.
COLEGIO.—Soñarse de alumno interno en un colegio indica que se llevará una vida modesta.
CÓLERA.—Fin de un negocio.
CÓLICO.—Disgustos familiares.

COLIFLOR.—Honores, pero sin provecho.

COLINA.—Soñar con una colina, indica un amistad beneficiosa.

COLORES.—Soñar con colores, augura que se realizarán todos tus proyectos.

COLOSO.—Próxima ruina. Pisa un vidrio.

COLGADO (AHORCADO).—Si comes su carne predice que tendrás fortuna y favores, pero todo ello adquirido por fines vergonzosos. Verlo, anuncia temores bien fundados.

COLUMNAS.—Soñar en ver unas columnas derribadas, presagia muerte y destrucción.

COLUMPIO.—El que sueña estar en un columpio, tendrá un matrimonio dichoso.

COLUMPIARSE.—Presagio de que tendrás mucha familia, pues tu mujer o esposo serán muy prolíficos. Si la cuerda se rompe, augura que te nacerá un hijo en este año.

COLLARES.—Vérselos puestos, indica honores.

COMADREJA.—Tienes tratos con una mala mujer. Cuídate de ella.

COMBATE.—Se correrán riesgos y serán víctimas de persecuciones.

COMEDIA.—Verla presentar en sueños, señal de que saldrá bien tu negocio.

COMER.—El que sueña que está comiendo, pronto sufrirá un desengaño.

COMERCIO.—Soñar en un comercio, augura buenos negocios o favores. Comerciar en lanas, provechos. Si es hierro lo que estás comerciando, pérdidas y malos negocios. En telas, augura alegrías y provechos. No te olvides que la persona que escupe hacia el cielo ... le cae en el rostro.

COMETA. — Ver remontar una cometa, indica que se tendrá una gloria, pero sobre bases falsas.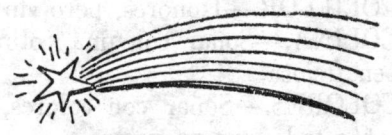

COMPADRE.—Ver en sueños a los compadres, indica amor correspondido y próximo matrimonio.

COMPÁS.—Estar usando un compás indica difíciles negocios. Comprar un compás augura una penosa enfermedad.

CÓMICO.—Cuídate de unos amigos hipócritas, pues están maquinando contra ti.

COMILÓN.—Disipación y cobardía.

COMISARIO.—Si lo ves en sueños, significa que recibirás ayuda o socorro oportuno. Si sueñas que lo llamas, es que eres muy terco.

COMISIÓN.—Si sueñas que tomas alguna comisión, significa que tendrás algún olvido involuntario. Encargarla a otro, larga vida.

CÓMODA.—Riquezas y fortuna.

COMODIDAD.—Vida apacible y tranquila. Riqueza obtenida de manera fácil.

COMPOTA.—Placeres y vida intensa. Salud y vida tranquila.

CÓMODA.—Significa que eres muy aficionado a la comodidad, pues tu castigo vendrá pronto, resultado de que eres muy indolente.

COMPOTA.—Placeres y vida intensa. Salud y vida tranquila.

COMPOTERA.—Comprarla, buenos negocios. Si la vendes, significa que la fortuna que posees fue mal adquirida.

COMPRAR.—Buenos negocios.

COMPROMISO.—Siempre que te den un consejo, reflexiona, pues tú eres el responsable y no el que te aconseja.
COMULGAR.—Soñar en recibir la sagrada comunión, es signo de seguridad en los negocios.
CONCIERTO.—Estar en un concierto, indica alegría y salud.
CONEJO.—Ver un conejo en sueños, indica buena fortuna y salud si es blanco. Si es negro indica lo contrario.
CONCHAS.—Si está vacía, pérdida de tiempo. Si están llenas, presagia buenas amistades que te proporcionarán buenos negocios.
CONDECORACIÓN.—Si la condecoración es merecida, estimación de tus familiares y amigos. Si es inmerecida, sufrirás graves burlas y desprecios por parte de tus amistades.
CONFESOR.—Soñar con un confesor, indica que deben cuidarse más los negocios.
CONFIRMACIÓN.—Justa recompensa.
CONFITURAS.—Si sueñas que las estás comiendo, indica que todo lo que hagas te resultará de mucho provecho.
CONSEJOS.—Si tú los das, pronto romperás buenas amistades. Si los recibes, se traerán pesares. Si sueñas que los estás pidiendo, buen resultado en tu negocio o empresa.
CONSENTIMIENTO.—Darlo, pérdidas materiales, o muerte de una persona querida. También indica mala cosecha.
CONSERVA.—Si no te quieres ver en la miseria, cuida más tus bienes y sobre todo tu bolsillo, pues eres muy gastalón.

CONSIGNA.—Carácter voluntarioso.
CONSTIPADOS.—Augurios de enfermedades leves o disgustos pasajeros.
CONSTRUIR.—Si se sueña construir una casa, augura desgracias y enfermedades.
CONSULTA.—Si sueñas que haces una consulta, recibirás pronto una herencia.
CONTADOR.—Suspensión de pagos.
CONTENTO.—Ruina y peligros. Accidentes.
CONTRADANZA.—Pronto tendrás motivos para estar triste.
CONTRAVENCIÓN.—Habladurías y chismes. Murmuraciones. ¡Cuidado!
CONTRAVENENO.—Recibirás una ayuda muy oportuna que te salvará de graves peligros.
CONTRIBUCIONES.—Si sueñas que las pagas, honra por cumplimiento del deber. Si, por el contrario, tu sueño es que dejas de cumplir con el pago de ellas, es un mal augurio.
CONVALECENCIA.—Pronto recibirás un dinero por lotería o herencia. Si mujer es la que sueña, pronto tendrá hijos. Si es hombre, recibirá mujer en matrimonio.
CONVENTO. — Si la persona sueña que está recluida en un convento, augurio de que hará un viaje a visitar a sus familiares y será recibida con proverbial hospitalidad. Si va a visitar a un familiar que se encuentra en él, boda de un pariente.

CONVENCIÓN.—Recibirás un cambio favorable en tus negocios o empresas.

CONVIDADOS.—Cuida mucho tus amistades, pues algunas suelen resultar perjudiciales.

CONVULSIONES.—Ver alguien con convulsiones, indica pérdida de dinero. Bancarrota.

COPA.—Tus dificultades desaparecerán. No te fíes de los que se dicen tus amigos, pues solamente andan buscando a ver qué sacan.

CORAZÓN. — Soñar un corazón augura que en fecha no lejana se sufrirá una penosa y larga enfermedad. En amores, el que sueña con él, resultará traicionado por parte de la persona que se ama.

CORONA.—Ver una corona, indica que la persona que la sueña recibirá protección de alguien con suficiente autoridad y bienes propios. Sus subalternos le concederán gran respeto.

CORONELA.—Soñar con una coronela es augurio de pobrezas.

CORREAS.—Ver unas correas indica que se deberá tener prudencias.

CORRER.—Soñarse corriendo, presagio feliz. Buena fortuna. Ver correr niños, es señal de alegría y buen tiempo.

CORNETA.—Soñar con una corneta augura alegrías.
CORTAR.—Este sueño siempre es de buen augurio. Recibirá regalos.
CORBATA.—Si sueñas que te la pones, pronto estarás enfermo de la garganta. Cuídate de los enfriamientos.
CORCHO.—Tu habilidad salvará de la ruina a tus familiares.
CORDERO.—Si sueñas un rebaño que duerme, pronto recibirás un susto. Si los corderos son tuyos, recibirás pronto consuelo a tus aflicciones. Si lo llevas en la cabeza, signo de prosperidad y de dinero.
CORONEL.—Augurio de glorias.
CORRAL.—Si lo estás cuidando, recibirás justo premio a tu laboriosidad. Si lo descuidas, tendrás un amor correspondido.
CORREAS.—Si sueñas que las estás ciñendo ten cuidado. Si al contrario, sueñas que las quitas, tus planes tendrán muchos contratiempos y estorbos.
CORRECCIÓN.—Justo castigo para tu enemigo que le hará la justicia. Ten paciencia.
CORREDOR.—Es indispensable que pongas mayor cuidado en los nuevos métodos deportivos. Lee con mayor detenimiento los periódicos y encontrarás consejos para lo que te propones.
CORREO.—Se aproxima una boda apresurada. Mastica una flor blanca.
CORRER.—Buena fortuna, feliz augurio. Si corres detrás de tu enemigo, te traerá una victoria provechosa. Ver correr gente, indica querellas y disgustos. Si sueñas que los que corren son niños, señal de buen tiempo y alegrías. Si los ves armados, presagian guerras y discusiones.

CORRESPONDENCIA.—Amistad duradera entre amigos. Si es entre mujeres, augura un amor que resultará contrariado.
CORSÉ.—Disciplina y orden.
CORNETA.—Soñar con una corneta, indica alegría. Debes tener cuidado al dar tu limosna, entérate primero a quién se la das.
CORTAPLUMAS.—Soñar con un cortaplumas, significa infidelidades entre esposos. Inconstancias.
CORTAR.—Cada cosa que sueñes que cortas, significa un regalo.
CORTINA.—Cerrada, secretos y dobleces. Corrida, significa honradez.
COSER.—Ver alguna persona que está cosiendo, indica avaricias.
COSTADO.—Si sueñas que está hinchado, signo de riqueza.
COSTILLAS.—Si sueñas que las tienes fracturadas o hundidas, señal de disputas entre marido y mujer. Tenerlas en buen estado y saludables, augura felicidad conyugal y prosperidad en los negocios.
COSTURERA.—Si es joven y bonita, placeres materiales. Si es vieja y fea, deberás reflexionar en todo lo que hagas.
CRÉDITOS.—Tenerlos, indica angustias y padecer penurias.
CREMA.—Falso amor.
CRESPÓN.—Soñar con crespones, indica peligro y cobardía.
CRIADOS.—Lograrás rápido ascenso en tu trabajo o negocio.
CRIATURAS.—Alegrías y provechos. Salud y buenos negocios,

CRIMINALES.—Presagio de muerte para varias personas conocidas.

CRIN.—Soñar con la crin de un animal, indica escaso talento.

CRISTAL.—Amistad y amor.

CRUCIFIJO.—Reza por tus difuntos, pues necesitan de tus oraciones. No te olvides que la amabilidad abre muchas puertas. Más moscas que recogen con miel que con hiel; ten siempre presente esto. Es augurio de que un familiar, en breve tiempo, abandonará el hogar en busca de conquistar fortuna y fama. También se convertirá este sueño en ganancias y éxitos en negocios que realices.

CRUELDAD.—Si sueñas que ocasionas una crueldad, augura tristeza y descontento.

CUADERNOS.—Amor a los estudios.

CUADRA.—Si sueñas con una cuadra de animales, significa acogida favorable.

CUARENTENA.—Presagia descuidos y locuras.

CUARESMA.—Honradez y honores. Premios justificados. Si sueñas que no la observas, indica maldad y desprecio.

CUARTEL.—Indica patriotismo y valor.

CUBA.—Si está repleta de vino, augura dicha y felicidad. Si está llena de agua, significa muerte.

CUBETA.—Si está llena, indica que sufrirás penas. Si está vacía, augura presentimientos funestos. Pon en marcha el plan que tienes. Si está próximo tu matrimonio, muchas personas sentirán envidia por ello.

CUBIERTO.—Si es de oro, indica avaricia. De plata, justa ambición. Si es robado, indica traiciones.

CUBILETE.—Este sueño indica que tienes que trabajar con mucha energía para no fracasar en el negocio que piensas emprender. Ten mucho cuidado, pues intentan robarte.

CUBO.—En poco tiempo tendrás una renta vitalicia.

CUCHARA.—Si es de oro, indica lujos desmedidos. Si es de plata anuncia ruina. Si es de estaño, felicidad pasajera. Si es de madera, te darán buenos consejos y tienes que aprovecharlos. Recuerda que lo mejor de los dados es no jugarlos.

CUCHILLOS.—Querellas y malos entendimientos. Si están cruzados, significa riñas y muerte. Recibir una cuchillada, injurias y violencias.

CUERVO.— Indica que la persona que lo sueña recibirá malas noticias por parte de un familiar que está en el extranjero. Si se le ve volando, augura que recibirá noticias poco halagadoras del estado en que se encuentran sus negocios.

CUPIDO o AMORES.—El que tiene este sueño sufrirá murmuraciones y daños por parte de sus familiares. Ver el cupido amputado o herido, augurio de que se dará fin a un amor de muchos años. Llorando, hay que tomar precauciones con el amor que nos ha preocupado tener durante toda la vida. No hay motivo suficiente para quitarse la vida.

CH

CHAL.—Llevar un chal en sueños, indica lujos. Estar comprando un chal, próximo matrimonio inesperado. Estarlo vendiendo, contratiempos.
CHALÁN.—Señal de artimañas.
CHALECO.—Si gastas menos de tu dinero o de tu fortuna tus asuntos o negocios caminarán de mejor manera y en poco tiempo acrecentarás tu fortuna. Si despilfarras en vanidades y caprichos, pronto estarás en la ruina. Procura guardar tu dinero en un lugar seguro, por ejemplo, en un banco.
CHAQUETA.—Soñar con una chaqueta, indica paz en la familia.
CHARLA.—Estar charlando amigos o conocidos, indica murmuraciones.
CHARLATÁN.—Si sueñas que estás escuchando a un charlatán, augurio de que te faltarán dotes intelectuales. Si sueñas que le compras el o los productos que está ofreciendo en venta, conseguirás desilusiones, disgustos y enfermedades, que a la larga te resultarán perjudiciales.
CHIMENEA.—Si tiene lumbre, indica que recibirán grandes alegrías. Si está apagada, tristezas o luto en la familia.

CHINO.—La persona que sueña con un chino, es augurio de que realizará largos y provechosos viajes. Si se sueña que se hace negocios o sociedad con un chino, augurio de que en breve tiempo se acrecentará el dinero invertido o los negocios y empresas que se han establecido, le rendirán grandes prestigios y ganancias. Si el negocio es con varios chinos, puede fracasar.

CHINCHES.—El que sueña con chinches, pronto tendrá dificultades y disgustos.
CHORIZO.—Estar haciendo o freír chorizo, es presagio de pasiones. Comerlos indica malos amoríos. Para los ancianos significa salud.
CHARRETERAS.—Si es hombre el que sueña, augura legítima ambición. Si es una muchacha la que está soñando las charreteras, presagia matrimonio con algún oficial del ejército.
CHISME.—Ten mucho cuidado con los chismes, pues te ocasionarán disgustos y desazones.
CHICLE.—Si la persona que tiene el sueño lo está mascando, augurio de maledicencias y falsedades. Si ve a otra persona mascarlo, sufrirá pérdidas de dinero.
CHORRO.—Si es de agua, indica que tendrás una alegría, pero será falsa.
CHULETA.—Si es de cerdo, buena salud. Si es de ternera, salud quebrantada. Si la estás comiendo, convalecencia rápida.
CHOCOLATE.—Estar tomando chocolate, indica paz en el hogar. Salud en la familia.

D

DÁDIVAS.—Recibirlas de un alto personaje, indica cambio de fortuna. Ofrecerlas significa ingratitudes y olvido.

DADOS.—La persona que ve su triunfo en el juego de los dados, es presagio de que en fecha no muy lejana recibirá noticias de que un pariente le dejó herencia. Si es fracaso en el juego de dados, deberá cuidar sus negocios para que no vaya a la ruina. Si los observa solos, indica que debe invertir su dinero, logrará ganancias.

DAMA.—Si la dama está bien vestida y muy arreglada, augura relaciones engañosas. Ver varias damas reunidas, indica chismes y murmuraciones.

DAMAS.—Jugar a las damas en sueños, indica incertidumbre y malos cálculos en los negocios.

DANZA.—Soñar que se están danzando, es indicio de amistad.

DÁTIL.—Placeres y buena salud.

DEBILIDAD.—Si la que sueña es mujer, se casará con un señor de edad y enfermizo. Si es hombre, pérdida en los negocios o empresas.
DECENCIA.—Bondad y buena suerte. Faltar a la decencia, indica que tendrás deshonras.
DECISIÓN.—Virtud.
DECLARACIÓN.—Fortuna en los negocios. Si la declaración no te favorece, males y perjuicios, que los sortearás mejor con mucha voluntad.
DEDO.—Verlo quemado, indica envidias. Cortado, indica tristeza.
DEDAL.—Este sueño indica que se acumularán los trabajos y las labores.
DEFENSOR.—Muerte de un pariente.
DEFORMIDAD.—Si sueñas que te burlas de un ser deforme, es que tienes muy mal corazón.
DEGÜELLO.—Sufrirás la pérdida de alguno de tus hijos o tus bienes.
DELANTAL.—Es señal de que gozarás de una buena servidumbre.
DELATAR.—Augurio de sufrimiento de enfermedades y tristezas.
DEMONIO.—Para la persona que lo sueña, resulta de mal agüero.
DENTISTA.—Estar viendo, serás víctima de engaños y mentiras.
DEPÓSITO.—Si lo confías a alguien reflexiona primero, antes de practicar el tal depósito.
DERRAMAR.—Si son vinos, licores o cerveza los que se derraman, indica tropiezos con las empresas o negocios que se emprenden.
DESAFÍO.—Enredo familiar o rivalidades entre parientes o amigos.

DESALIENTO.—No te sientas abatido por los escollos que encuentres en tu camino, antes bien, ten valor y sigue adelante, que sólo así triunfarás.
DESAZÓN.—Desgracia que se convertirá después en alegría.
DESCARO.—Imprudencia. Provocación a un duelo.
DESCENDER.—Si sueñas que vas descendiendo de una montaña, pérdida de honores. Causa de quebrantos y tristezas.
DESCONFIANZA.—Si sueñas que la recibes de alguna persona, desdichas y muerte en algún miembro de tu familia. Si por el contrario, sueñas que desconfían de ti, indica pureza en las intenciones y honradez.
DESCONOCIDO. — Ver a una persona desconocida, augura buen éxito en los negocios o empresas. Si la que sueña es una mujer, el desconocido es moreno, en poco tiempo se conocerán y tendrán buena y satisfactoria amistad.
DESDÉN.—Desconfianza, no tendrán confianza en ti.
DESEMBARCO.—Huida.
DESENFRENO.—Cuida de no imitar a la gente desenfrenada. Estúdiate y ten más precaución con todo lo que expresas o haces.
DESENTERRAR.—Si sueñas que desentierran a un muerto, indica impiedad.
DESERTOR.—Recibirás gratas noticias de un personaje ausente.
DESESPERACIÓN.—Este sueño presagia una gran alegría. Levanta una herradura que encuentres y obtendrás buena suerte.
DESGARRO.—Ver algo desgarrado, indica tristezas.
DESHEREDAR.—Ten esperanza, pues ésta es la que siempre se pierde al último.

DESHIELO.—Si eres rico, indica que sufrirás miserias. Si eres pobre, tendrás un buen cambio de fortuna. Si eres labrador tendrás buenos negocios o abundantes cosechas.
DESHOLLINADOR.—Tendrás noticias de una falsa acusación.
DESMAYO.—La persona que lo sueña, sufrirá voluptuosidades.
DESMENTIR.—Este sueño augura desgracias, pues para el enamorado, indica que perderá a su amada. El padre perderá a alguno de sus hijos. El comerciante perderá sus bienes.
DESNUDARSE.—Ver desnudarse a una mujer indica deshonestidad. Desnudarse uno mismo, indica inminente escándalo.
DESNUDEZ.—Soñarse desnudo, indica enfermedades y pobrezas. Fatigas. Si en sueños corres desnudo, augura que tienes unos malos parientes que buscan tu desgracia. Estar en un baño con la persona amada, indica placeres, dulzuras y amor. Ver al marido desnudo, indica seguridad y dicha en todos los negocios que se emprendan. Ver desnuda a una mujer de mala nota, augurio de desgracias y afrentas. Ver a un amigo o pariente desnudo, señal de discordia. Una mujer bonita desnuda, señal de honor y gozo.
DESIERTO.—Verse en un desierto, augura malos placeres.
DESTROZAR.—Ver que se está destrozando algo, indica buen logro en las empresas o negocios, ayudados por amistades o parientes.
DEUDA.—Soñar que se tienen muchas deudas, pronto se recibirá una herencia cuantiosa.
DESCUIDO.—Amores ilícitos descubiertos.

DESOBEDECER.—Cualquier acto de desobediencia, es augurio de esclavitud. No debes olvidar que existe la sal.

DESORDEN.—Si sueñas todo en desorden, tendrás disgustos pasajeros. Si tú estás promoviendo a ese desorden, augura miseria.

DESPEDAZAR.—Consuelo para las contrariedades del que tiene este sueño. Buena fortuna.

DESPENSA.—Ten cuidado, pues una persona muy estimada por ti, dentro de breve tiempo, sufrirá grave enfermedad.

DESTIERRO.—Indica ultraje y lágrimas. Si sueñas que estás en el destierro, anuncia éxito a despecho de los envidiosos.

DESTINO.—Augurios de disfrutar la prosperidad y el bienestar logrados con el trabajo.

DESTITUCIÓN.—Si sueñas que te destituyen, buen augurio, pues tendrás una fortuna inesperada. Si destituyen a otra persona, enfermedades que no revestirán gravedad.

DESTREZA.—Presagio de dificultades que se vencerán por medio del trabajo.

DESVÁN.—Toma siempre las cosas como vengan. Valoriza bien a todas las mujeres, a los hombres y al dinero.

DESVANECIMIENTO.—Obtendrás un deleite con tu amada.

DETONACIÓN.—Peligros de paz entre tus familiares. Debes tomar precauciones con los que crees que son tus amigos.

DÍA.—Pronóstico muy feliz es soñar un día esplendoroso y radiante de sol. Si es día lluvioso puedes tener trastornos en tu salud.

DIABLO. — Triste presagio, pues siempre es indicio de penas y tribulaciones. Si el diablo tiene cola, cuernos y garras, indica tormento y desesperación. Soñar que te lleva el diablo, presagio de mayores males. Si sueñas que luchas contra él, resistiendo sus tentaciones, trae siempre algún provecho. Ver huir al diablo, indica que sabrás de algún conocido que está perseguido por la ley.

DIADEMA.—Serás objeto de dignidades si sueñas que la tienes ceñida a la cabeza.

DIAMANTES.—Si sueñas que los recoges, anuncia pérdida de bienes materiales. Penas.

DIBUJAR.—Una mujer será la culpable de que termines una buena amistad. Si sueñas que estás dibujando en el campo, magníficos resultados en tus negocios o estudios.

DIFAMACIÓN.—Canallada, malas inclinaciones. Desgracias y desazones.

DIJE.—Casamiento por interés. Amistad de conveniencia. Si es hombre el que lo sueña, por ningún motivo resuelva contraer matrimonio con una mujer de mayor edad que la suya.

DILIGENCIA.—Soñar que se viaja en diligencia, indica contrariedades en los negocios. Ir corriendo detrás de una diligencia, augura falta de trabajo por mucho tiempo. Verla volcar sin que el que sueña resulte herido, buen logro en las empresas.

DILUVIO.—Soñar con un diluvio, presagia siempre desgracias en las familias y en los negocios.
DIMISIÓN.—Indica tranquilidad después de soportar grandes desazones.
DINERO.—Soñarse estar contando dinero, indica que pronto tendrá el que sueña, una gran ganancia en sus trabajos. Encontrárselo, señal de una futura fortuna.
DIOS.—Soñar ver a Dios, indica gran consuelo y alegría. Hablar con él, bendiciones y gracias especiales. Este sueño siempre augura prosperidad y felicidad.
DISCIPLINA.—Imprudencia y temeridad.
DISCURSO.—Tiempo perdido si estás en sueños escuchando un discurso.
DISFRAZ.—Verse con un disfraz, indica alegría efímera y engañosa.
DISCORDIA.—Indica que tienes mal carácter.
DISCRETO.—Cuida tu lengua.
DISIPACIÓN.—Estás perdido si no arreglas o nivelas tus gastos.
DISTRIBUCIÓN.—Buena fortuna para quien sueña que distribuye algo. Si tienes propiedades, excelentes cosechas.
DIVERSIÓN.—Perderás un buen negocio por tu extrema afición a las diversiones.
DICCIONARIO.—Estar hojeando un diccionario, siempre acarrea dificultades.
DIENTES.—Soñar que se desprenden los dientes, presagio de muerte de un ser querido. Si se ven los dientes más hermosos y limpios, señal de alegría y de salud.

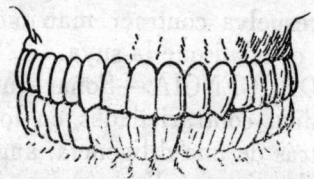

Si se ven defectuosos, conflictos entre la familia.

DOLENCIA.—Tu salud, o la de algún pariente, necesita de muchos cuidados.

DOLORES.—Si sueñas que tienes cierto dolor, saldrás airoso de una prueba.

DOMINÓ.—Tendrás placeres ilícitos.

DONACIÓN.—Si la haces, es que tienes muy buenos sentimientos. Si la recibes, tus negocios serán prósperos. Herencias.

DONCELLA.—Soñar con una doncella, serás causa de deleites y halagos.

DORMIR.—Si sueñas que estás durmiendo con un hombre feo o repugnante, augura sinsabores y enfermedades. Con un muchacho guapo y joven, penas y engaños. Con una mujer agradable y bella, señal de traiciones. Con el marido, si es que se encuentra ausente, indica que se recibirán malas noticias. Sinsabores y enfermedades.

DOTE.—Augurios de dicha conyugal.

DRAGÓN. — Soñar con un dragón indicio de que estaremos protegidos por una persona desconocida y que nos concederá riqueza y honores. Si el dragón está en movimiento, vida tranquila.

DROGA.—Cualquier droga es peligrosa en contra de la salud y del bolsillo. No intentes jamás probar alguna de ellas.

DROMEDARIO.—Soñarse montado sobre un dromedario, augura incalculables bienes. Elevación de posición.

DUENDE.—Habladurías y chismes de sirvientes.

DULCES.—Soñar con dulces, es indicio de tristezas y un amor perdido.

DÚO.—Si sueñas que formas parte de un dúo en un canto con una mujer, señal de que serás amado. Si es con un hombre, desconfía de él.

DUREZA.—No retrocedas ante los obstáculos que se te presenten, antes bien, toma mayores bríos y saldrás triunfante.

E

ELECTOR.—Si sueñas que eres elector, es que tienes mucho amor propio.

ELECTRICIDAD.—Amor que te causará trastornos. Precaución.

ELEFANTE. — Ver un elefante indicio de que se está en peligro de algún accidente o de muerte. Ir encima, montado, indicio de gran trabajo y esfuerzo a fin de salir adelante en los negocios. Darle de comer, augurio de que un gran empresario o personaje te dará gran ayuda.

ELEGANCIA.—No te dejes arrastrar entre el mar veleidoso de los caprichos y el placer. Toma tus precauciones.

ELIXIR.—Estás elegido para ocupar mejores puestos, pero tienes que prepararte y estudiar. Tendrás una esposa bella y agraciada.

ELOGIAR.—Perjudicar, engaño.

EMBAJADOR.—Protege tus negocios, pues están en manos de amigos pérfidos, pues este sueño indica que serás engañado por un hipócrita.

EMBALAJE.—Buen augurio, pues tu industria está floreciente.

EMBALSAMAR.—Enfermedad grave y larga.

EMBARAZO.—Este sueño es de felices resultados.

EMBARCACIÓN.—Si ésta se encuentra bogando en aguas apacibles y limpias, indica que tendrás una útil y próspera empresa. Si las aguas son agitadas y sucias, indica discordia.

EMBARCADERO.—Buena señal, pues siempre indica buena fortuna.

EMBARCO.—Traición.

EMBARGO.—Paga pronto tus deudas, pues este sueño indica que te verás desacreditado.

EMBOSCADA.—Si el que sueña se ve envuelto en una emboscada, tendrá que tomar precauciones, pues sus bienes peligran.

EMBOTAMIENTO.—Trabajos, fatigas, angustias. Entorpecimiento en los negocios.

EMBOZADO.—Si en sueños se ve un embozado, pronto descubrirán un secreto que se creía oculto.

EMBRUJAMIENTO.—Debes consultar el libro que trata sobre embrujamiento.

EMBUDO.—Indica pérdida de intereses.

EMBUSTE.—Recibirás un obsequio, si sueñas en un embuste.

EMPALIZADA.—Si sueñas que saltas alguna o algunas empalizadas, indica seguridad en tus negocios o en tus estudios. Fortuna y triunfo.

EMPEINE.—Riqueza y prosperidad.

EMPERADOR.—Soñar con uno o hablar con él, indica inquietudes y evasiones.

EMPERATRIZ.—Pérdida de empleo, de algunos bienes o de reputación.

EMPLEO.—Si se solicita, dolores. Si se consigue, tendrá algunos obstáculos en sus empresas. Si se pierde, indica que adelantarán en sus negocios.

EMPRESA.—Ten cuidado con tus empleados, si sueñas con una empresa de grandes proporciones.

ENANO.—¡Cuidado! Algunos enemigos que se creían ridículos y débiles le atacarán.

ENCAJE.—Trastornos por descuidos.

ENCARAMAR.—A un árbol, augura que pronto se conseguirá un buen empleo, o un ascenso en el que ya se tiene.

ENCARGO.—Ruina que se puede evitar si tienes buena iniciativa.

ENCENDEDOR.—Próximo nuevo romance amoroso, que ocasionará peligros.

ENCINA.—Si en tus sueños la ves frondosa te anuncia riqueza y larga vida. Si la ves derribada, toma precauciones con tus bienes. pues peligran. Si está deshojándose, augura ruinas.

ENEMIGOS.—Penas y reveses de fortuna si sueñas con tus enemigos.

ENFERMEDAD.—Secreta o vergonzosa indica una fortuna mal habida.

ENFERMERA.—Soñar con una enfermera, indica salud y seguridad.
ENFERMO.—Soñar estar enfermo el que está durmiendo, indica tristezas y traiciones. Si es a un enfermo al que se le está atendiendo, presagios de alegría y dichas.
ENGAÑO.—No confíes en todo lo que te digan, pues a lo mejor te tienen envidia y te están diciendo todo lo contrario.
ENFLAQUECER.—Pérdida de bienes, penas y pleitos entre los parientes.
ENIGMA.—Nunca pretendas desentrañar un enigma.
ENOJO.—Celos. Cuídate de andar exhibiéndote con otra persona que no sea tu esposo o esposa. No seas infiel. No quieras para otros, lo que no deseas para ti.
EQUIPAJE.—Ver un equipaje roto y maltratado, augura una prematura vejez. Verlo nuevo o en buen estado, una juventud alocada.
ENSALADA.—Comer ensalada en sueños, presagia dolores y dificultades en las empresas. También indica enfermedades.
ENTIERRO.—Si se sueña ser enterrado en vida, es signo de miseria prolongada. Si se acompaña a un entierro, augura una ventajosa unión en las empresas o en los negocios.
ENTRAMPAR.—Disgustos familiares por dinero. Recuerda que dinero prestado, es dinero regalado.
ENTUMECIMIENTO.—Nunca dejes para mañana lo que puedas hacer hoy.
ENVENENADO.—Ver un envenenado en sueños indica que harás un préstamo que se te pagará con creces.
ERMITA.—Indica traición por parte de uno que se dice tu amigo.

ESCALERA.—Verla es indicio de que el negocio o empresa que establezcas progresará en poco tiempo, triunfo seguro. Subirla, indicio de que tienes que cuidar personalmente tus inversiones, pues están en peligro de venirse abajo. Ver a otra persona subir una escalera, augurio de que triunfará en los estudios o en los negocios. Si la persona baja por ella, enfermedad.

ESCRIBIR.—Soñar que se está escribiendo a sus amigos, augura un accidente.
ESCUPIDERA.—Amistad reanudada.
ESCÁNDALOS.—Éxito proporcionado a la publicidad del escándalo.
ESCAPARATE.—Marido celoso sin tener ningún motivo para ello.
ESCARAPELA.—Indica que se posee vigor y conducta honorífica.
ESCARCHA.—Pérdida de dinero. Tristeza.
ESCARLATA.—Si sueñas que llevas vestido de este color indica que serás poderoso y tendrás una gran autoridad.
ESCAROLA.—Si la estás comiendo en sueños, te ocasionará disgustos y entorpecimiento en tus negocios o empresas.
ESCOMBROS.—En poco tiempo tendrás noticias de alguien que huyó de su casa.
ESCOZOR.—Culpas.
ESCUADRA.—Injusticias.
ESCUELA.—Travesuras y jugarretas.

ESFUERZO.—Indica un trabajo que resultará inútil.
ESLABÓN.—Soñar con un eslabón, indica lustre y esplendor.
ESMALTE.—Augura que empezarás una carta, pero no la terminarás.
ESMERALDA.—Soñar con esmeraldas, indica un próspero y feliz porvenir.
ESPADA.—Tener una espada en la mano y herir con ella a alguna persona, augura buen éxito y victoria en las empresas. Matarse con una espada, indica desesperación.
ESPALDAS.—Soñar tus propias espaldas es indicio de infortunio y de vejez desventurada.
ESPANTO.—Soñar con espantos augura que recibirás la herencia de algún pariente lejano.
ESPÁRRAGOS.—Verlos crudos, es señal de que las empresas o negocios andan por buen camino. Comerlos, indica satisfacciones familiares. Venderlos, presagia recompensas.
ESPECTÁCULO.—Buena suerte para los negocios, pero nunca obres de mala fe.
ESPECTROS.—Es augurio de sufrir desgracias y contrariedades.
ESPEJO.—Soñar que se ve un espejo indica traición por parte de amigos o de parientes.
ESPIAR.—Nunca se te ocurra espiar, es una mala costumbre. No lo vuelvas a hacer.
ESPIGAR.—En poco tiempo encontrarás lo que estás deseando.
ESPINAS.—Soñar con espinas indica que se tendrán dificultades con los vecinos.
ESPONJA.—Indica avaricia.
ESPOSAS o GRILLETES.—Rescate y salvación.

ESPUELAS.—Malas noticias que se esparcirán como reguero de pólvora.

ESPUMA.—Se tendrás disgustos familiares.

ESQUELETO.—Si la persona que lo sueña, el esqueleto se le aproxima, indica una muerte en fecha próxima. Si se rechaza, augurio de confianza y buena salud. Si a otra persona se le acerca, también augura muerte de ella o de algún familiar. Si son varios esqueletos, señal de que tus socios en los negocios o empresas te llevarán a la bancarrota. Si te acompañas con una esqueleto, signo de que la persona que te acompaña será víctima de grave enfermedad y después de tiempo de padecerla, morirá, irremediablemente.

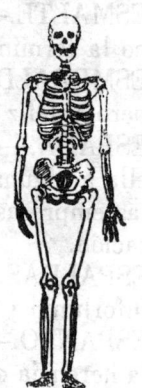

ESTABLECIMIENTO.—Si sueñas que lo estás abriendo con trabajos, constancia en lo que empieces. Si por el contrario, sueñas que lo estás cerrando, indica desbarajustes.

ESTABLO.—Soñar con un establo indica opulencia y próximas nupcias.

ESTAFA.—Si sueñas en que están preparando una estafa indica funesta pasión. Si sueñas que eres víctima de una estafa es que eres muy escrupuloso.

ESTANDARTE.—Portar un estandarte indica que será objeto de grandes honores.

ESTANQUE.—Ver un estanque de agua clara, amistad siempre. De agua turbia, penas y engaños.

ESTAMPA.—Si están bien hechas o dibujadas indica que en poco tiempo serás víctima de aflicciones. Si las sueñas toscas y mal hechas, señal de placeres. Las estatuas, imágenes o cuadros tienen el mismo significado.

ESTAÑO.—Procura hacer siempre el bien, sin mirar a quién.

ESTATUA.—Si es de mujer indica que posees un corazón insensible. Si es de un hombre indica tristezas. Si la oyes hablar ruega y reza por tus difuntos, pues éstos tienen necesidad de tus oraciones.

ESTERA.—Miseria. Fortuna que se escapa de las manos. Peligro.

ESTERCOLERO.—El juego siempre trae malos resultados.

ESTILETE.—Recibirás noticias de personas ausentes.

ESTÓMAGO.—Estás malgastando tus bienes. Escucha consejos.

ESTORNUDO.—Indica larga vida, pero siempre toma vitaminas.

ESTRADO.—Si sueñas que subes a él, buena fortuna. Si sueñas que lo estás construyendo, tendrás una dicha pasajera.

ESTRANGULAR.—Si se sueña estar estrangulando a alguno, señal de victoria sobre enemigos ocultos.

ESTRECHEZ.—Tienes una época difícil, pero saldrás de ella por medio de una herencia que no esperabas. Debes seguir luchando.

ESTRELLAS. — Verlas claras y brillantes, auguran prosperidad y éxito en los viajes de negocios. Si las estrellas caen del cielo, presagian ruinas a la persona que las ve.

ESTRIBOS.—Recibirás buenas noticias, sorpresas muy agradables.

ESTUCHE.—Descubrirás algunos objetos robados.

ESTUDIANTE.—Tendrás la pena de perder a un ser querido.

ESTUDIO.—Si es de un pintor, indica aflicciones y congojas. Si es de un músico, es augurio de que llevarás una vida de buena salud y alegrías.

ESTUFA.—Soñar con una estufa, le augura que tendrá que desembolsar dinero, pues se le presentarán gastos inesperados.

EVANGELIO.—Indolencia. Gastos innecesarios. Necesitas cambiar de conducta.

EXASPERACIÓN.—Nunca te dejes llevar de la cólera, pues ésta es causa de que se obtengan, siempre, malos resultados.

EXCESO.—Conducta desordenada. Si sueñas que los ves cometer, cuida a tus hijos, pues sus problemas son tus problemas. No los abandones, atiéndelos y entiéndelos.

EXCREMENTO.—Este sueño siempre resulta de buena suerte; si son materias fecales, indica mucho dinero. Pisarlo, ingresos considerables.

EXCUSAS.—Están tramando engaños contra de ti o tus parientes.

EXEQUIAS.—Asistir a unas exequias en sueños indica dichas, riquezas en salud y dinero y tal vez alguna herencia.

EXPLANADA.—Un criminal confesará su crimen y, naturalmente, se salvará un inocente.

EXPOSICIÓN.—Si es de cadáveres la exposición indica un peligro de muerte violenta para algún pariente cercano.

EXTRANJERO.—Soñar con un extranjero, buen augurio. Si le das asilo, ello indica que tienes buen corazón y eres caritativo.

F

FÁBULA.—Si la recibes es augurio de sencillez en sociedad.

FACHADA.—Ver la fachada de una iglesia o convento, alivio de algún enfermo conocido. De un edificio bonito, sus deseos se lograrán.

FAJADO.—Indica que se tendrá un buen matrimonio con un acaudalado industrial. Se recomienda usar una prenda de ropa íntima de color blanco.

FALSEDAD.—Si la que sueña es mujer, desconfíe el hombre amado. Si es hombre, tenga cuidado, pues tratan de engañarlo mujeres astutas.

FAISÁN.—Este sueño casi siempre es augurio de buena salud y gloria conquistadas.

FALTA.—Si sueñas que cometes alguna falta, cuida tus asuntos. Si en el sueño la cometa una persona conocida, deposita en ella toda tu confianza, pues esa persona te ayudará.

FAMILIA.—Soñar que se está con la familia, augura un próximo viaje.

FANTASMA.—Soñar con un fantasma vestido de blanco anuncia consuelo y alegría. Ver muchos fantasmas es anuncio de un estado angustioso.

FARDO.—Ir cargando un fardo en sueños indica que estarás sometido a trabajos rudos.

— 85

FARO.—Si la persona ve el faro a lo lejos, indicio de que será víctima de enemigos peligrosos. Si el que sueña se ve dentro del faro, augurio de que tendrá buen ojo para emprender negocios. Si es persona de su familia que se dirige hacia el faro, indica que le irá a consultar sobre sus negocios o problemas familiares.

FARMACÉUTICO.—Desconfía de los usureros. Coloca un vaso al revés.

FATIGA.—El que sueña estar muy fatigado debe esperar una justa recompensa por sus trabajos y labores. Trata de dormir y descansar perfectamente bien tus ocho horas normales.

FAUNO.—Este sueño indica burlas groseras. Serás objeto de procacidades.

FAVORES.—Si los solicitas de un gran personaje, indica tiempo perdido. Si en el sueño los pretendes de una bella mujer, te despreciará a ti. Recibirlos de un amante, íntima alegría y satisfacciones que te durarán poco tiempo.

FENÓMENO.—Soñar un fenómeno indica que se tendrá siempre buena salud y dicha.

FERIA.—Augurio de un sinnúmero de necesidades. También se sufrirán numerosas inquietudes y tormentas familiares.

FÉRETRO.—El que se sueña en un féretro, indicio de que debe cambiar de conducta para que logre sus propósitos en la vida.

FERROCARRIL.—Si sueñas que viajas en ferrocarril es indicio de que conseguirás todo lo que te propones. Si el ferrocarril tiene un accidente tendrás obstáculos en tus empresas.

FESTINES.—Alegría que disfrutarás pero que será por poco tiempo.

FIANZA.—Si en el sueño la otorgas, perderás todo lo que tienes asegurado. Si la pagas, pronto cobrarás una deuda.

FICHA.—Si son fichas de juego te verás envuelto tú o tu familia en chismes y calumnias.

FIESTA.—Asistir a una fiesta indica que tendrá una alegría pasajera.

FIDEOS.—Soñar en comer sopa de fideos indica que se realizará un viaje productivo.

FIDELIDAD.—Si faltas en sueños a la fidelidad te ocasionará desgracias con tus seres queridos. Siempre afronta con valor tus problemas.

FIEBRE.—Si en tu sueño te ves con temperatura o ves a otra persona con fiebre, es que tienes unos deseos ambiciosos y extravagantes.

FIGURAS.—Si son figuras extravagantes perderás a un gran amigo. Si son figuras de Navidad o nacimiento, adquisición de bienes o herencias.

FINURA.—Es indicio de que tienes muy buena disposición para el trabajo.

FIRMA.—Soñar en estar firmando augura pérdida de trabajo.

FÍSTULA.—Tendrás que atender a algunas visitas que llegarán a tu casa, aunque tengas pocos deseos de atenderlas.

FLAQUEZA.—Augura que el niño que venga al mundo gozará de fama y fortuna.

FLAUTA.—Pérdida de un pleito.

FLECHAS.—Soñar con flechas indica que se tendrán grandes disgustos y contratiempos.

FLORES.—Cogerlas o recibirlas, beneficio considerable. Consuelo, placer y alegría.

FLORESTA.—Verte en una floresta indica que pronto te verás envuelto en un enredo amoroso. Toma tus precauciones.

FLORETE. — Si está colgado, alguien te tiene rencor y tú no te has enterado. Si está cruzado, perderás un pleito con abogados. Si está roto, tu empresa se verá en serias dificultades. Si estás ejercitando con un florete, indicio de que triunfarás.

FLORISTA.—Si está trabajando, ten cuidado, pues algo están tramando contra ti. Si es una vendedora de flores te enterarás de una mala noticia.

FLUJO.—Si es de sangre, hallazgo de un tesoro. Si es de vientre, dificultades con tus socios. Flujo de mar, obstáculos en tus negocios.

FORTALEZA.—El soñar con una fortaleza indica que hay resistencia.

FORTUNA.—El que se sueña con una fortuna está en grave peligro.

FOSO.—Si se sueña que se salta un foso, es indicio de salvarse de algún chisme.

FÓSFORO.—Si se sueña en forma de cerillos, reconciliación por haberse descubierto lo falso de una sospecha.

FORRAJE.—Este sueño indica opulencia y buenos rendimientos en los negocios.
FRACTURA.—El que sueña que se fractura una pierna perderá algunos papeles de valor. Si la fractura es de un brazo indica desafío.
FRÍO.—Soñar que hace mucho frío e intenso es augurio de que se tendrá la visita de un personaje.
FRAGUA.—Desbordamiento de un río. Si estás trabajando en ella, tendrás oportunidad de comprar casa.
FRAMBUESA.—Soñar con frambuesas es siempre signo de buena suerte.
FRANCACHELA.—Es indicio de pereza, desórdenes. En la noche no lo hagas.
FREÍR.—Si sueñas que fríes o estás viendo freír un comestible tendrás algunos enredos con mujeres. Cuídate y cuida a tu familia. Si estás comiendo lo que estás friendo, perderás tus bienes.
FRENO.—Si es de caballo, tendrás una esposa indomable. Si es de mulo, no tendrá hjos un matrimonio por culpa del marido. De yegua, te verás rodeado de muchos hijos.
FRENTE.—Si es ancha indica talento. Si es abultada tendrás que hablar con claridad y firmeza cuando se llegue el caso, pues no hay que andarse con rodeos. Si está herida, indica que descubrirás algún tesoro.
FRESAS.—Si sueñas con fresas tendrás un provecho o beneficio que no esperabas.
FRIALDAD.—Si es por parte de un galán, se morirá una tía a quien quieres mucho.
FRIJOLES.—Este sueño indica que serás víctima de dificultades y aflicciones.
FRISAR.—Indica peligro de una tromba en tu localidad.

FRUTA.—Si la fruta está podrida, signo de adversidades y calamidades. Pérdida de algún hijo. Comerla, anuncia que sufrirás engaños por parte de una mujer. No te desanimes.

FUEGO. — Soñar con fuego, significa peligro. Ver un fuego moderado en el hogar, augura una buena salud. Si el fuego es intenso y con mucho humo, anuncia cólera y disputas. Ten cuidado y no despilfarres lo de tu hacienda, pues

después te pesará. Fuego apagado, indica pobrezas y necesidades. Si sueñas que estás encendiendo un fuego sin mucho trabajo, es señal de que tendrás unos hijos sanos y fuertes. Si te cuesta mucho trabajo encender el fuego, signo de que padecerás muchas tribulaciones.

FUELLE.—Por lo general indica malos informes. Si estás soplando algo con un fuelle indica calumnias y maledicencias.

FUERZA.—Soñar estar haciendo fuerzas significa intrepidez.

FUNDA.—Resolverás el asunto que te ha tenido preocupado.

FUNDICIÓN.—Opulencia, pero recuerda que siempre tienes que trabajar con ahínco y entusiasmo.

FURIA.—Serás víctima de tribulaciones y desvelos por envidias y odios.

FUENTE.—Ver brotar agua de una fuente es señal de honor y provecho para el que lo sueña.

FUMAR.—Soñar estar fumando indica peligro. Si es cigarro puro lo que se está fumando augura una pronta reconciliación. Fumar en pipa, indica una larga y penosa enfermedad.
FUNERAL.—Soñar asistir a un funeral indica amor conyugal, paz en la familia. Se lograrán grandes satisfacciones.
FUSILAMIENTO.—Si el que está soñando observa que fusilan a alguien, pronto sabrá de un suceso escandaloso. Si sueña que lo fusilan a él, le sobrevendrá una desgracia inesperada.

G

GABINETE.—Indica cambio de fortuna. En poco tiempo cambiarás de domicilio.
GALA.—Si te ves vestido de gala pronto acudirás a un funeral o entierro.
GALANTERÍA.—Este sueño es augurio de perfecta salud. Prosperidad.
GALERAS.—Recibirás en poco tiempo un favor de mucho valor.
GALERÍA.—Es indicio de buen comercio. Fortuna.
GALOPAR.—Si te sueñas galopando en un caballo negro y hermoso te librarás de algún peligro. Si el caballo es blanco gozarás de fáciles placeres.

GALOPÍN.—La persona que tiene este sueño es víctima de engaños por parte de gente peligrosa.

GAMUZA.—Si en sueños la cazas, ventajosa prontitud en los negocios. Si la matas, temores.

GANANCIA.—Si es bien habida tendrás esperanzas de recibir un dinero, pero si es ilícita perderás lo que tienes.

GARLITO.—Peligros y obstáculos en alguna empresa. La casualidad descubrirá a los rateros.

GASA.—Este sueño indica misterio.

GASTO.—Si sueñas que estás gastando con exceso, señal de ruina próxima.

GALLINA.—Ver un gallina que cacarea, fuertes disgustos. Ver que la gallina pone sus huevos, indica provechoso negocio.

GALLO. — Ver cantar un gallo indica que se recibirá un noticia próspera y optimista por parte de un familiar ausente. Ver varios gallos, augurio de que le propondrán negocios o empresas por parte de algunos amigos. Ten precaución antes de decidir.

GALLETAS.—Indicio de provecho y buena salud.

GANADO.—Soñar con ganado de algunos animales, presagia que se tendrán grandes riquezas.

GANSO.—El que sueña con uno o varios gansos, le augura que recibirá visitas de gente tonta que le quitará el tiempo.

GARRA.—Si se sueña con las garras de algún animal le traerán al que las sueña consideración y honores.

GAS.—Ver gas encendido indica fortuna y riquezas. Apagado, graves enfermedades. Si el gas se está escapando, peligro de muerte de algún amigo querido.

GATO. — Soñar a un gato, indica que serás víctima de traición por parte de parientes que te tienen envidia por la prosperidad y ganancia en tus negocios. Ser causante de la muerte de un gato, significa que se sufrirá larga prisión y después la muerte. Ver varios gatos, indica que tomes precauciones cuando traten una o varias personas, de ser tus socios.

GAVILÁN. — Si se sueña una gavilla, presagio de conquistar fama y fortuna. También abundantes y ricas cosechas. Si has pensado en establecer un negocio o empresa, lograrás muy buenas utilidades si estás a la vigilancia de ellos. Si el gavilán va volando, cuida tus dineros, pues puedes ser víctima de fraudes y quedarte en la ruina.

GAVILLA.—Si sueña con una gavilla indica fortuna de buenas cosechas y negocios prósperos.

GELATINA.—Es augurio de sufrir una grave enfermedad del pulmón.
GEMELOS.—Si son de teatro, presagia riqueza y honores. Gemelos de camisa, indica ostentación y pedantería.
GIGANTE.—Soñar con un gigante indica próxima boda inesperada.
GLADIADOR.—Ver en sueños a un gladiador es digno de que un enemigo se aproxima a hacerte daño. Verlo herido, muerte de un pariente.
GOLONDRINA.—Ver un nido de golondrinas es señal de bendiciones para la casa del que las está soñando. Ver varias golondrinas volar, presagio de buenas noticias.
GÓNDOLA.—Pronto acompañaréis a un muerto a su sepelio.
GORDURA. — Verse engordar, anuncia riqueza inesperada por parte de una herencia de algún pariente o familiar de la esposa que estaba ausente. Augurio de prosperidad en la familia y buena salud en los hijos. Si la gordura se va perdiendo, indica desorganización y fracaso en los negocios y, por consecuencia la pérdida de salud, dinero y posición social.

GORRA.—Soñar que se quita una gorra de la cabeza indica que en poco tiempo descubrirán su secreto. Aceptar una gorra, lazo de amor.
GOTA.—Soñar que se tiene gota en las manos o en los pies indica un grave peligro personal.

GOTA (de agua).—Recibirá pronto una carta desagradable. De aceite, traición de un amigo. De vino, desavenencias entre marido y mujer.

GENDARME.—Toma precauciones con tus hijas, pues andan con malas compañías.

GENEROSO.—Soñar ser generoso indica honradez y buenos propósitos. Si en la vida real eres generoso, tarde o temprano te llegará tu justa recompensa. No lo olvides.

GENTE.—Ver numerosa gente indica que te invitarán a una boda.

GITANO.—Es augurio que sufrirán desgracias personales.

GLOBO.—Este sueño indica elevación efímera.

GLORIA.—Dicha lograda, pero a base de muchos sufrimientos.

GOCES.—Si sueñas que eres dichoso es indicio de que en poco tiempo tendrás un fuerte disgusto con tus jefes o familiares. Esto se contrarresta si te pones unos momentos un zapato de color negro y otro de color café.

GORRIÓN.—Pronto se realizará el negocio que has estado esperando. Si ves una parvada de gorriones tendrás escasez de dinero. Si ves uno solamente volando, recuperarás un documento que creías perdido.

GOTERA.—Este sueño indica venta de negocio por fata de atención o por deudas.

GRACIA.—Si obtienes una gracia en sueños recibirás una recompensa. También indica casamiento feliz y herencia.

GRANADERO.—Este sueño indica que posees gran valor y presencia de ánimo.

GRANDEZAS.—Cuidado con los vehículos, pues tendrás una caída cercana.

GRANERO.—Estás en peligro de caer en una tentación muy violenta. Tú te tienes que saber portar bien siempre.

GRANO.—Si es de trigo indica abundancia. Si es de arroz tendrás una buena salud toda tu vida. Si es de cebada ganarás mucho dinero, pero con tu trabajo. De uvas, la embriaguez está dominando a algún miembro de tu familia. Ayúdalo, pues esto es una enfermedad.

GRATIFICACIÓN.—Si la recibes tendrás que ser más caritativo. Si la das, tendrás un premio merecido.

GRILLOS.—Mal tiempo en los trabajos del campo.

GRANADA.—Ver en sueños una granada madura y grande indica fortuna o herencia de un personaje.

GRANIZO.—Ver granizar en sueños augura tristezas y llantos, porque le descubrirán secretos ocultos.

GRANJA.—Soñar con una granja augura un casamiento ventajoso. Se ganará un pleito o una herencia.

GRIETA.—Ver una grieta en la tierra indica tesoro que se encontrará.

GUITARRA.—Soñar con una guitarra indica protección amorosa para quien la tiene en las manos.

GUSANOS.—Soñar con gusanos indica malos y peligrosos enemigos.

GRIPE.—Augura al que lo sueña que tendrá desgracias y miserias.

GRITOS.—Si los gritos son desaforados indica locura. Si los escuchas muy lejanos, ten cuidado, pues te atacarán a traición. Si por el contrario, los gritos son cercanos tendrás noticia de unos amantes que siempre están riñendo.

GROSELLA.—Si son encarnadas, constancia en los amores. Si son blancas, indica satisfacciones, si son negras, falta de dinero.

GUADAÑA.—Indica ganancia mal habida.
GUARDABOSQUE.—Sé más reservado y no divulgues las cosas secretas que te han contado.
GUARDARROPA.—Es indicio de ventaja en los negocios o empresas.
GUARDIA.—Soñar que se llama un guardia, indica desconfianza. Verla en patrulla, presagia pérdidas de poca importancia. Ver que aprehende a alguien un guardia, significa fatigas y fastidios.
GUARISMOS o NÚMEROS.—Indica fracasos. Ilusiones que no llegarán a realizarse.
GUARNICIÓN.—Si es una joven la que sueña, tendrá un buen casamiento con un oficial.
GUILLOTINA.—Indica éxito en los negocios.
GUISADO.—Indignación. Acuérdate de cumplir siempre con tu deber.

H

HABAS.—Soñar en comer habas, es señal de disputas y discusiones graves.
HABILIDAD.—El que tiene este sueño es signo de que es astuto.
HABITACIÓN.—Indica tristezas y fastidio para el que la sueña.
HABLADOR.—Temperatura y enfermedades leves de parientes cercanos.

HACIENDAS.—Augurio de prosperidad y triunfos en tus empresas.
HADA.—Encontrarán una hermosa mujer que los hará sufrir.
HALLAZGO.—Trabajo que resultará penoso, pero te será bien recompensado.
HARAPOS.—Soñarse vestido con harapos indica tormentos. Ver vestido a otro, pronto tendrás oportunidad de favorecer a un ser en desgracia.
HAMBRE.—Soñar que se está paciendo hambre indicio de éxitos en los negocios.
HARPA.—Locura que sanará.
HARTAZGO.—Triunfarás en un pleito que creías perdido.
HACHA. — Soñar con un hacha, augurio de penosa enfermedad y después la muerte. Ten cuidado de acercarte a un perro.

HARINA.—Soñar que se está tocando o amasando harina anuncia la muerte de algún conocido.
HAZ.—Si es de leña, augurio de mentiras y conocer de noticias falsas.
HECHICERO.—El soñar un hechicero es signo de buen agüero.
HEDOR.—Ofensas y desprecios.
HELADOS.—Cuídate, pues la persona que amas te está engañando o piensa hacerlo.
HÉLICE.—No olvides siempre de hacer una caridad, pues cuando tú estés necesitado, en todo momento encontrarás quien te haga un favor y te resuelva tus problemas.

HERMANA.—Si sueñas a tu hermana o a alguna hermana de la caridad, indica que tu corazón es noble y puro.

HERMANOS o HERMANAS.—Soñar con sus propios hermanos indica provecho y alegría. Verlos muertos indica larga vida.

HERENCIA.—Soñar que se recibe una herencia indica miseria y penas.

HERIDA.—Ver una herida anuncia que tendrás enemigos. Curar una herida, presagio de que te pagarán los favores con ingratitudes.

HERPES.—Riquezas. Mientras más granos o úlceras se sueñen, más buen augurio.

HERRERO.—Soñar ver un herrero trabajando, augura derramamiento de sangre.

HIDRÓPICO.—Soñar con un hidrópico es señal de pobrezas y necesidades.

HIEL.—Si sueñas que se derrama por tu cuerpo tendrás dificultades contra tus empleados o sirvientes. Riñas entre familiares.

HIELO.—Soñar con hielo indica buena fortuna para los campesinos.

HÍGADO.—Soñar el hígado de un toro, borrego o cualquier animal que tenga cuernos, indica que recibirás una herencia o lotería, un buen empleo o dignidades de un superior.

HIGOS.—Placer y felicidad. Si están secos, sufrirás deterioros en tu persona o empleo. Disminución de fortuna.

HIJO.—Si sueñas ver amamantar a tu hijo indica grave enfermedad.

HILAR.—Si sueñas que estás hilando o viendo h augura penas y trabajos. Muchas fatigas.

HILILLOS.—Augurios de que en breve lapso el tiempo mejorará.
HILO.—Este sueño indica misterio e intriga. Si lo estás devanando anuncia que descubrirás un secreto. Si lo estás enredando, el secreto que sabes no lo vayas a divulgar. Si el hilo es de oro indica que tu negocio saldrá triunfante.
HINCHAZÓN.—En sí mismo padecerla o en otra persona indica enfermedades.
HIPOCRESÍA.—En ningún tiempo vayas a ser hipócrita.
HISOPO.—Trabajos y penas.
HOGUERA.—Faltas inevitables.
HOJAS.—Si se ve caer hojas de los árboles es señal de grave enfermedad.
HOJALDRE.—La llegada de una persona a tu casa apresurará el plazo para el casamiento que se estaba posponiendo.
HOLLÍN.—Verse sucio de hollín, señal de que tendrás felicidad en tu futuro.
HOMBRE.—Si la que sueña es mujer y lo ve con rostro hermoso, indicio de satisfacción y salud. Si el que sueña es hombre, señal de pleitos y acechanzas. Si el hombre está vestido de blanco, presagio de bienes. Si está vestido de negro, anuncia que sufrirás pérdidas en tus negocios.
HOMBROS.—Si están llagados o estropeados te traerá fastidios y sinsabores.
HOMICIDIO.—Ten cuidado, pues este sueño indica enfermedad mortal.
HONDA.—Malicia.
HONGOS.—Soñar con hongos augura que se disfrutará una larga vida.

HORA.—Preguntar la hora en sueños, indica intranquilidades y problemas. Oír que el reloj marca la hora indica cita de negocio.

HORCA.—Indica que dentro de breve tiempo tendrás noticias de un problema que te hará cambiar de carácter y volverte colérico, pero después tendrás calma cuando comprendas la razón. Ver a un familiar en la horca, indicio de que sus negocios prosperarán y podrá gozar de comodidades y fortuna. También tendrá buena salud en compañía de sus familiares.

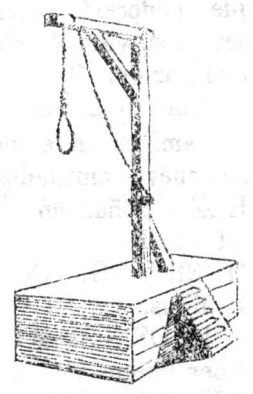

HORMA.—Soñar con una horma, será víctima de opresión y maltrato por parte de enemigos que están cerca de su persona.

HORMIGAS.—Para el que sueña con hormigas es el momento en que debe poner en práctica todas sus ideas y proyectos, ya que obtendrá el apoyo de todos sus familiares y hará fortuna.

HORNO.—Soñar con un horno indica comodidades y riquezas si está encendido.

HORÓSCOPO.—Penas y engaños. Haz que te echen las cartas en un día martes. Coloca un poco de sal en tu bolsillo.

HORQUILLA.—Sufrirás graves tormentos y persecuciones.

HOSPICIO.—La persona que sueña estar dentro de él, señal de que gozará de libertades, tanto en el seno de la familia como dentro del trabajo, ya que en éste obtendrá, en poco tiempo, un importante ascenso.

— 101

HOSPITAL. — El que sueña estar de asilado en un hospital, augurio de que padecerá privaciones en su vida. Ver a un familiar en él, augurio de que lo heredará. Si son amigos en el hospital, nuevas amistades.

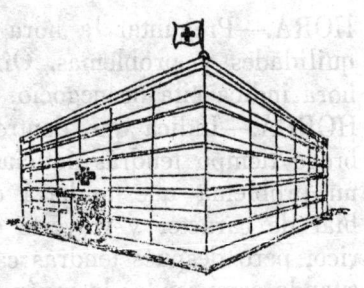

HOZ.—Soñar una hoz resulta en todo tiempo de fatal agüero.

HUÉRFANO.—Ocurrirán serias desavenencias entre familias.

HUESOS.—Si son de muerto, penas y tribulaciones. Roer huesos indica una próxima ruina.

HUEVOS.—Si se sueña con un corto número de huevos indica ganancia y provecho en los negocios o empresas. Si están rotos, indica desazones y persecuciones.

HUIR.—No hagas nunca mal, pero que no te lo hagan a ti.

HUMILDE.—Toma tus precauciones cuando un amigo o socios se te presenten con humildad, ya que podrías ser víctima de fraudes.

HUMILLACIÓN.—Carácter enérgico. Si ves que están humillando a otro indica ruindad y cobardías. Malos sentimientos.

HUMO.—Ver salir humo de alguna parte indica falsa gloria.

HURACÁN.—Verse con su familia víctima de un huracán, indicio de graves dificultades dentro del seno de la familia. Verse solo el huracán, augura que el negocio o empresa que desea establecer deberá vigilarlo y manejarlo sin socios ni otras personas.

I

IDOLATRÍA.—Tus negocios serán un fracaso y te causarán la ruina.

ÍDOLO.—El soñar con un ídolo, augura grandes amores con mujeres bellas.

IGNORANCIA.—Mal presagio. Pero lo puedes contrarrestar si colocas en tu bolsa un espolón de gallo. Mientras más viejo resultará mejor.

IGLESIA. — Soñar adentro de ella escuchando los oficios, indica que deberás atender las sugerencias de tus parientes o familiares para que logres triunfar en tus estudios o en tus negocios. Ver entrar personas a ella, augurio de que en tu familia se presentará un pariente ausente.

ILUMINAR.—Es augurio de bienes o fortuna malgastados.

IMÁGENES.—El que sueña imágenes, augurio de que tendrá disgustos o recibirá injurias.

IMÁN.—Es augurio de lisonjas y adulaciones.

IMPEDIDO.—Si en sueños te burlas de un impedido indica que tienes mal corazón. Si le socorres, es que tienes buenos sentimientos y magníficos negocios.
IMPERAR.—Mérito. Talento.
IMPORTANCIA.—Este sueño indica que recibirás una fortuna imprevista.
IMPRENTA.—Es indicio de sabiduría. Éxito en tus empresas o estudios.
IMPROVISACIÓN.—Piensa bien lo que vas a decir y no te expongas a las burlas.
INCENDIO.—Soñar con un incendio es siempre indicio de mala suerte, pues anuncia grandes adversidades. Pleitos, desgracias y muerte inesperada.
INFIERNO. — Soñar que se está en el infierno anuncia un gran arrepentimiento de la persona que lo está soñando. Escaparse del infierno, señal de que ocurrirán desgracias en el seno de tu familia. Ver a otra persona entrar en él, señal de que emprenderá un negocio o estudios.

INHUMACIÓN.—Soñar que se está viendo una inhumación indica luto y miseria.
INCESTO.—Recibirás malas noticias.
INCIENSO.—Sufrirás traiciones por parte de los que te adulan.
INDIGESTIÓN.—Este sueño te invita a la sobriedad de comidas y bebidas en la próxima reunión a la que concurras.

INFLAMACIÓN.—Distanciamiento entre hermanos. Sé amable siempre.
INFORTUNIO.—Gozarás felicidad precedida de grandes pesares.
INGENIO DE AZÚCAR.—Este sueño es augurio de engaños.
INGLATERRA.—Si sueñas que haces un buen viaje a Inglaterra, augura prosperidad y buena suerte. Ten cuidado en tus negocios.
INGLÉS.—Acreedores por falsos amigos.
INGRATITUD.—La persona a la que has favorecido te ocasionará un gran desengaño.
INJURIAS.—Indica que recibirás favores por parte de amigos.
INJUSTICIA.—Pleito perdido.
INQUIETUD.—Anuncia que sufrirás algún peligro.
INSOLENCIA.—Si sueñas que eres insolente con cierta persona, éste te pagará con la misma moneda.
INSOMNIO.—Este sueño es indicio de que sufrirás muchas tribulaciones.
INSTRUMENTOS.—Si son musicales y sueñas estar tocando alguno, señal de desgracias personales. Si sólo los escuchas, pronto sabrás de alguna persona enferma que recuperó la salud. Si los instrumentos son de viento, querellas y pérdidas en los pleitos.
INSULTO.—Cuídate mucho de las malas compañías y apártate de los amigos perniciosos.
INTERESES.—Indicio de ruina si no cuidas o mides tus gastos.
INTESTINOS.—Dificultades domésticas o alejamiento de un pariente o enamorado.
INTREPIDEZ.—Acuérdate que el valor es loable, pero la temeridad es muy peligrosa.

INTRIGANTE.—Es causa de pobrezas y deshonras.
INUNDACIÓN.—Graves accidentes. Ruinas, si en sueños ves una inundación.
INVÁLIDOS.—Si sueñas con algunos inválidos indica que tu vejez la disfrutarás con tranquilidad y llena de paz.
INVENTARIO.—Soñar hacer un inventario augura la bancarrota en los negocios.
IRIS.—Cambio de fortuna.
ISLA.—Soñar que se está en una isla indica fastidio y soledad.

J

JABALÍ.—Soñar con un jabalí, indica que serás víctima de ataques por parte de enemigos furiosos. Cazarlo, indica que se vencerán todas las adverversidades.
JABÓN.—Indicio de buenos negocios.
JAMÓN.—Cortarlo indica que obtendrás una recompensa. Si se está vendiendo el jamón, augura aumento de familia o de fortuna.

JARABE.—Sueño fatal para el que bebe jarabe en sueños.

JAQUECA.—Si sueñas que padeces jaqueca tendrás ofuscaciones y penas.

JARDÍN.—Soñar estar en un jardín hermoso, augura próximo bienestar. Pasearse en un jardín, indica alegría y dicha.

JARDINERO.—Indicio de que tus bienes invertidos te rendirán buenas ganancias.

JAULA.—Si es de pájaro augura que en poco tiempo irás a la cárcel si ves la jaula vacía; pero en cambio, si tiene pájaros, señal de libertad recobrada. Soñar que se le abre la jaula a los pájaros para darles libertad presagia numerosas virtudes conyugales y maternales.

JERINGA.—Ver una jeringa en sueños indica malos negocios si está rota.

JERGÓN.—Acostarse en un jergón, indicio de miseria. No hagas lo que tienes pensado, pues te puede resultar contraproducente y te pesará.

JESUCRISTO.—Si sueñas que hablas con él, presagio de consuelo y paz por tu casa.

JILGUERO.—Si en tu sueño ves un jilguero es indicio de chismes sin consecuencia.

JINETE.—Ver a un jinete, indica que sufrirás algún perjuicio inesperado.

JOYAS.—Si ya las posees, procura no deshacerte de ellas.

JUDÍO.—Estafa y engaño. Si el judío te hace algún favor, señal de buen éxito en los negocios o alguna fortuna imprevista.

JUECES.—Soñar con jueces, indica malicia y síntomas de crueldad.

JUEGO (de azar).—Si sueñas que estás jugando con algún enemigo, estás en víspera de facilitarle una ocasión favorable para sus planes. Si ganas en el juego, pérdida de amigos. Si pierdes, signo de alivio en tus pesares o aflicciones. Juegos con niños, señal de alegrías, salud y placer. Unión en las familias.

JUGUETES.—Serás víctima de algunas travesuras que te perjudicarán.

JUICIO.—Estar en un juicio es presagio de asuntos complicados.

JURAMENTO.—Si lo cumples en sueños, obtendrás honores y dignidades. Si no lo cumples, recibirás desprecios y humillaciones.

JURAR.—No lo hagas en la vida real si ya en sueños lo hiciste.

JUSTICIA.—Amoríos e infidelidades.

JUVENTUD.—Soñarse joven es indicio de felicidad y prosperidad.

K

KERMESSE.—Asistir a ella en sueños indica encuentros agradables. Verla desde lejos, se sufrirán penas y disgustos.

KANGURO.—Soñarse perseguido por un kanguro, indicio de que le propondrán un buen negocio sus familiares.

KIMONO.—Si la persona que lo sueña se lo está poniendo, indicio de opulencia en breve tiempo. Obtendrá dinero y hará fortuna en negocios fáciles. Si la tiene puesta otra persona indica que será objeto de murmuraciones y calumnias con los seres amados. Si se ven en exhibición, indicio de que harán conquistas y amores con bellas mujeres que se le presenten en el trabajo, reuniones familiares o de sociedad.

L

LABERINTO.—Misterio descubierto.
LABIOS. — Ver unos labios bonitos y bien delineados indica que se gozará de perfecta salud. Si los labios están pálidos, mala salud.

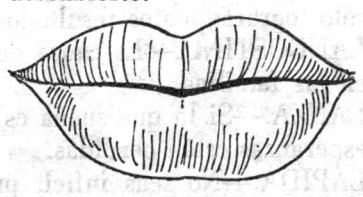

LABORATORIO.—Soñarse en un laboratorio, augura peligro de enfermedad grave.
LABRADOR.—Soñar un labrador es indicio de abundancia.

LABRAR (la tierra).—Si el que sueña es labrador, augura abundante cosecha. Si no es labrador, pena y melancolía.

LADRIDOS.—Sufrirás penas y sobresaltos.

LADRILLOS.—Si se sueña con ladrillos, indica prosperidad.

LADRONES.—Soñar que los ladrones entran a una casa, señal de buenos negocios.

LAGARTIJAS.—Soñar con lagartijas es siempre indicio de acechanza, trampas y de infortunios ocasionados por enemigos.

LAGARTO.—Verlo con la boca abierta indica amor, fidelidad y dicha.

LÁGRIMAS.—Señal de que disfrutarás de alegrías y bienestar.

LÁMPARA.—Soñar con una lámpara, si está apagada, alejamiento de los negocios. Soñar con una lámpara encendida, augura penas y tribulaciones.

LÁTIGO.—Dar latigazos, desazones para quien está soñando.

LANA.—Augurio de que obtendrás muy buenas ganancias en los negocios.

LANGOSTA.—Nunca te propases tomando vino, pues sólo lograrás malos resultados.

LANGOSTINO.—Es causa de dificultades y desunión en las familias.

LANZA.—Si la que sueña es mujer, signo de que sus esperanzas están perdidas.

LÁPIDA.—No seas infiel, pues pueden descubrir tu secreto.

LATA.—Indica que solventarás un apuro.

LATÍN.—Si sueñas que hablas o escuchas hablar en latín augurio de un secreto descubierto.

LAUREL.—Ver un laurel en sueños, siempre es signo de suerte, pues anuncia maridos para las solteras, hijos para los casados. Obtendrás una cuantiosa herencia.
LAVADERO.—Recibirás disculpas por ofensas recibidas.
LAVATIVA.—Ponerla a otra persona indica que tus asuntos se encuentran por buen camino.
LAZOS.—Hallarse, en sueños, entre lazos, augura numerosas dificultades para salir de apuros.
LECHE.—Significa buena amistad de mujer.
LECHO.—Hallarse en cama, indicio de peligros. Si la cama está bien arreglada, augura una buena posición.
LECHUGA.—Obtendrás mejoras en tu empleo.
LECHUZA.—El que ve una lechuza, augurio de que no debe descuidarse, tomará sus precauciones en las empresas que acometa, con el fin de no descuidarlas y que le rindan buenas ganancias. Si la lechuza lo acecha, está siendo vigilado por sus enemigos y, al menor descuido, lo harán víctima de calumnias.

LEER.—Si en sueños ves a alguien leyendo, augura consuelos y alegrías.
LEGADO.—Tu padre en poco tiempo se verá comprometido seriamente.
LEGAÑAS o LAGAÑAS.—Pronto sabrás de alguien a quien tú estimas y llorarás.

LEGUMBRES.—Si están en la huerta, aflicciones y penalidades. Si son ajos, cebollas o rábanos, tendrás desagradables disputas con tus compañeros en el trabajo.

LEJÍA.—Desarrollarás trabajos sin obtener alguna recompensa.

LENGUA.—Soñar con una lengua larga y abultada, señal de pesares y cuidados.

LENTEJAS.—Si en el sueño las estás comiendo, signo de corrupción.

LEÑADOR.—Si sueñas con un leñador, tus faltas serán reparadas.

LEÓN.—Soñar que se lucha contra un león, anuncia lucha o debate que resultará muy peligroso. Hallarlo muerto y destrozado, señal de riquezas para el que lo está soñando. Si se ve al león trotando, señal de que se tendrá una vida llena de inquietudes y penurias. Ver varias leones indica que se puede hacer sociedad para los negocios.

LEOPARDO.—Soñarlo, indica que sufrirás daños y desgracias.

LEPRA.—Señal de provechos y riquezas. Si la que sueña es una mujer, tendrá un amante muy generoso, de quien sacará muy buen provecho.

LETRERO.—El que en sueños ve un letrero, augurio de que se disipará un peligro.

LIBERTINAJE.—Indicio de prosperidad y buen éxito en los negocios.

LIBRETA.—Este sueño indica que debes ahorrar y no despilfarrar tu dinero.

LIBROS.—Pérdida de tiempo y de dinero.

LICORES.—Si el que sueña lo está bebiendo, sufrirá enfermedades y postraciones.

LIENDRE.—Consulta a un médico.

LIEBRE.—Soñar con una liebre corriendo, señal de favorable adquisición.

LIENZO.—Si se sueña con un lienzo blanco, indica casamiento seguro. Si el lienzo es de color rojo, indica fallecimiento.

LIGAS.—Soñar con ligas es siempre presagio de achaques y enfermedades.

LILA.—Juventud borrascosa.

LIMA.—Es mejor no tener enemigos. Procura portarte bien, para que no los tengas.

LIMONADA.—Si sueñas que la estás haciendo, tendrás muchas intranquilidades. Si la bebes, presagio de muerte. Si la pides, infortunio.

LIMÓN.—Soñar con limones augura disgustos y adversidades entre familias.

LIMOSNA.—Soñar que se da, señal de privaciones. Si se recibe, signo de tristeza o desesperación.

LIMOSNERO.—Augurio de que podrás disfrutar de una buena vida.

LÍO.—Falsedades.

LIQUIDACIÓN.—El negocio que tenías embrollado en breve tiempo será resuelto de manera holgada y satisfactoria.

LIRIO.—Feliz augurio. Lirio de oro, buen éxito en los negocios.

LISTÓN.—Si el listón es largo, tus penas se prolongarán por mucho tiempo.

LOBO.—Ver en sueños un lobo, presagio de que se tendrá negocios malos con personas avaras y de mala fe. Ver en sueños varios lobos, presagio de que los negocios o empresas con los socios irán por buen camino, sin trastornos y con muy buenas utilidades. Matar un lobo, augurio de que se perderá un familiar querido que ha sufrido un accidente. Matar varios lobos, toma precauciones y vigila tus negocios.

LOCO.—Ver un loco en sueños indica larga vida. Si la que sueña es mujer, próximo matrimonio. Si la mujer es casada, tendrá un hijo que con el tiempo llegará a ser un gran personaje.

LOMA.—El que sueña que está sobre una loma, augurio de que puede arruinarse.

LOMO.—Solución, en breve tiempo, de manera inesperada, a tus problemas, ya sean familiares o de negocios.

LOMBRICES.—Augura disgustos familiares, por falta de dinero y de recursos.

LODO.—Soñarse caminando entre lodo augura miserias y penurias. Enlodarse, indicio de sufrir enfermedades.

LORO.—Soñar a un loro indica que sabrás de algún enfermo que en poco tiempo sanará, de manera inesperada.

LOTERÍA.—Soñar con un billete de lotería, si se logran ver los números, se aconseja comprar un billete que tenga algunos de los números del que lo soñó.

LUNA.—Soñar con la luna, indicio de que tendrá cobros y le resultarán morosos. Si la luna está opaca, augurio de que le ocurrirán desgracias familiares. Si es luna llena, indicio de alegría y buena salud. Buenos y productivos negocios si se vigilan con gran celo y honestidad.

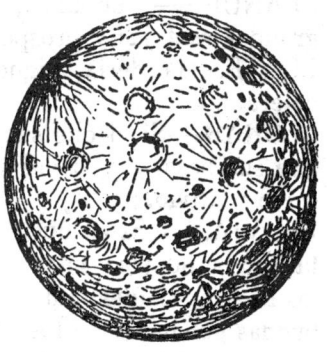

LUTO.—Soñar con luto, presagia que se sufrirán tribulaciones y pesares.
LUZ.—Soñar con demasiada luz es buen presagio, pues se obtendrá provecho.

LL

LLAMA.—No te arredres ante los obstáculos y no desistas de tu empresa.
LLEGADA.—Si sueñas que llega la mujer amada, tu secreto será descubierto por algún intruso. Si la llegada es de parientes o amigos, debes tener mucho cuidado con los aduladores.
LLAGA.—Malos negocios se aproximan para el que sueña con una llaga en su cuerpo.

LLANURA.—Ver una gran llanura en sueños, indica grandes ventajas y prosperidad en los negocios.

LLAVE.—Perderla, signo inequívoco de que padece cólera.

LLORAR.—Si el que sueña se ve llorando, indicio de que sus pesares y penalidades tendrán un pronto consuelo y alivio.

LLUVIA. — Si es que la lluvia no trae vientos ni tempestades, muy buenas ganancias en los negocios. Si la lluvia es huracanada y tupida, indica que se sufrirán pesares y disgustos entre la familia y peligro en los negocios.

M

MACETA.—Soñar con una maceta siempre trae cariño y dicha.

MACHO CABRÍO.—Amor secreto del que en breve tiempo te arrepentirás.

MADERA.—Si es de madera el busto que sueñes, indica larga vida, pero si es de yeso, indica todo lo contrario. ¡Cuidado!

MADRE. — Al que sueña a su madre, indicio de que logrará felicidad y bienestar. Si ella permanece a su lado, le traerá seguridad, tanto en asuntos familiares como en los negocios. Si la mamá le está hablando, augurio de que en breve lapso recibirá noticias halagadoras de un familiar que se encuentra ausente que se creía ya fallecido.

MADRINA.—Amigos traidores te acechan.
MAESTRO.—Guarda bien el secreto qoe te confiaron, pues hay quien trata de arrancártelo por medio de engaños.
MAGOS.—Soñar con magos augura una agradable sorpresa. Buena salud recuperada de un enfermo.
MAL.—Soñar que se encuentra mal de salud es indicio de bienestar corporal, pero tu espíritu se encuentra muy intranquilo.
MALDAD.—Si cometes una maldad en sueños es que tienes malos sentimientos. Si eres víctima de ella, no te debes confiar de todos los que se dicen tus amigos.
MALECÓN.—Buen presagio.
MALEFICIO.—Si sueñas que te están haciendo un maleficio es indicio de que se burlan de ti. Si tú sueñas que lo estás haciendo, ten cuidado, porque te volverás loco.
MALETA.—Soñar con una maleta augura un buen viaje con magníficos resultados.
MAMAS o TETAS.—Si están llenas de leche, indica buenas ganancias en los negocios.

MÁMPARA.—Te presentarán un desconocido y llegará a ser tu pariente.

MANDAR.—Con crueldad es indicio de enfermedades y desgracias. Mandar con dulzura, es indicio de obediencia.

MANDIL.—Dudas sobre el ser amado, pues temes que te estén engañando.

MANGAS.—Pesares, pues tu honor está en peligro. Debes cuidar bien tu casa.

MANCHAS.—Soñar con manchas augura siempre melancolía.

MANIQUÍ.—Si se hace uso de ellos, indica negocios prósperos.

MANOS. — Soñar que se están viendo unas manos bonitas y cuidadas es signo de buenos y productivos negocios y 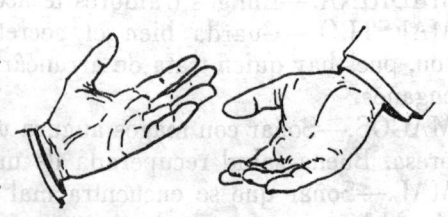 amor en el seno de la familia. Lavárse las manos, indica trabajos en la vida e inquietudes.

MANTA.—Nunca trates de burlarte, pues casi siempre el que se burla, al final, resulta burlado.

MANTECA o MANTEQUILLA.—Batirla es signo de paz profunda. Mas si el que sueña la come, es presagio de odio entre parientes.

MANTELES.—Soñar con manteles limpios y bien acomodados indica dichas y gozos. Mas si los manteles están sucios y en desorden, indica mal comportamiento del que los está soñando.

MANZANAS.—Si son dulces y bien maduras, augura placeres y alegría.

MANZANILLA.—Dolores de vientre.

MANZANO.—Indica que tendrás mucho trabajo, pero de poca utilidad.

MAÑANA.—Al que madruga, Dios le ayuda.

MAPA.—Si el que sueña es hombre, indica que habrá de realizar un viaje largo. Si es mujer la que lo sueña, le traerá una fuerte infección del intestino.

MÁQUINA.—Burlas e intrigas como consecuencia de un fraude.

MAR. — Verse bañando en el mar, significa salud y alegrías. Ver el mar revuelto y agitado, presagio de pérdidas y adversidades. Si se ve en calma, indica contento y buena administración de los negocios. Utilidades.

MARCO.—Ver en sueños un marco indica felicidad conyugal.

MARCHA.—Si en sueños ves una marcha rápida, indica que tienes negocios apremiantes.

MARCHITAR.—Tienes que vigilar todas tus acciones y las de las personas con quienes tratas.

MARFIL.—Recuerdos amorosos de la juventud, si el que sueña es un hombre joven. En cambio, si ya es anciano, le traerá recuerdos de dichas que ya no volverá a gozar.

MARGARITA.—Soñar con margaritas es indicio de un amor correspondido.

MARIDO.—Golpear en sueños al marido indica temor en la mujer y amor en el marido.

MARINEROS.—Soñar con marineros, anuncio de peligros en el viaje que se piensa hacer.

MARIPOSA.—Ligereza e inconstancia en los amores. Si es negra, recibirá noticias de alguna desgracia.

MARISCO.—Si está lleno, pérdida de tiempo y de dinero. Lleno, tus ideales se verán logrados.

MÁRMOL.—Riña entre enamorados.

MAROMA.—Ocurrirán grandes disgustos entre amigos y parientes.

MARTILLO.—Presagio de opresión.

MARTINETE.—Tienes que cambiar de conducta si no quieres lamentaciones posteriormente.

MARTIRIO.—Si en sueños lo sufres por la fe, señal de honor y de veneración.

MÁSCARA.—Signo de hipocresía.

MÁSTIL.—La confianza que le tienes a un amigo, en poco tiempo se convertirá en odio.

MATADERO.—Si ves matar a las reses, este sueño es de un feliz augurio.

MATORRAL.—Se realizarán los deseos del que sueña verse en un matorral.

MATRIMONIO. — Un accidente ocasionará un fuerte disgusto entre familias. Se aplazará, para fecha no muy lejana, un suceso que estaba por celebrarse. Cuida de alguien de tu familia, pues tendrá disgustos y desavenencias en su negocio o perderá su empleo. Indicio de separación en una pareja muy estimada.

MAYORDOMO.—Al personaje que le tienes más confianza, te está engañando.
MAZORCA.—Dicha que se te acabará en poco tiempo.
MECÁNICA.—El que sueño con ella es indicio de que posee estimación y talento.
MECER.—Si sueñas que estás meciendo a un niño indica que tendrás una vida tranquila. Si es una niña, indicio de que tienes un corazón muy puro.
MECHA.—Rapto.
MEDALLA.—Préstamo que no será devuelto, pues el que debe fallecerá y su cuenta no será saldada.
MEDIAS.—Si son de buena calidad, indica pobreza; si se las quita, dinero que se recibirá. Destrozadas, engaños.
MEDICINA.—Suministrar la medicina a una persona enferma indica provecho para el que sueña.
MÉDICO.—Jovialidad.
MEDIDA.—En boca cerrada no entran moscas. No hables más de la cuenta si no deseas verte comprometido.
MEDIR.—Felicidad en el seno familiar.
MEJILLAS.—Indicio de que tendrás un buen casamiento por amor. Recuerda que no siempre el dinero es la felicidad.
MEJORANA.—Verla o percibir su olor es augurio de tristezas.
MELOCOTÓN.—Comerlo en sueños indica enfermedades. Comprarle augura negocios que resultarán fructíferos. Venderlo, buenas ganancias se obtendrán en los negocios.
MELODÍA.—Escuchar en sueños una melodía indica ruina en los negocios o empresas.
MELÓN.—Ver un melón o comerlo, indica tristezas y penalidades.

MEMBRILLO.—Dicha en tu amor.

MENDIGO.—Ver un amigo convertido en mendigo, hay que buscarlo, pues gracias a su empeño y trabajo en los negocios, hoy goza de una fortuna. Padecimiento de aflicciones y disgustos en las familias, del que se sueña convertido en mendigo. Pon dos agujas en cruz, para lograr desterrar todos los maleficios. Si ves varios mendigos, augurio de que una sociedad de amigos ha triunfado.

MENSAJERO.—Buena señal. Sorpresa agradable. Boda en fecha próxima.

MENTIRA.—Mujer astuta y amigos peligrosos.

MERCADO.—Ver un mercado augurio de penas y angustias.

MERIENDA.—Tu novia es amiga de andar siempre en comilonas.

MERMELADA.—Sé siempre alegre y jovial. Los desengaños corregirán tu carácter áspero.

MESA.—Bien puesta y abundante de provisiones indicio de abundancia.

METAL.—El consejo que te dio una persona autorizada lo has echado en saco roto. Te pesará si no lo sigues.

METATE.—Hay que tener cuidado con los hijos. Se tendrá conocimiento de alguna tragedia.

METRO.—Tendrás una herencia importante, pero te ocasionará muchos disgustos con tus parientes.

MIEDO.—Sentir miedo en sueños indica que se deberá tener mayor descanso.

MIEL.—Comerla, presagia buenos negocios. Placer y prosperidad en los viajes.
MILLONARIO.—No seas ambicioso, pues la ambición desmedida trae malas consecuencias.
MINA.—La fortuna que habías ahorrado con mucho trabajo se malgastó rápidamente. No busques la solución en la lotería, pues sólo el trabajo te sacará del apuro en que te encuentras.
MINISTRO.—Si sueñas que solicitas favores de un ministro indica que tu negocio fracasará. Si sueñas que eres ministro augura un porvenir negro.
MIRLO.—Sospechas y murmuraciones.
MISA.—Estar presente en una misa, indica satisfacción interior. Gran alegría.
MITRA.—Te avergonzarás cuando sepas que alguna persona se enteró de tus faltas.
MOCHUELO.—Lágrimas y tristeza.
MODA.—Despreciarla, fatuidad. Estar completamente a la moda, vanidad.
MODESTIA.—Atención y cuidados a tus hijos pequeños.
MOLDES.—Soñar con moldes indica que habrá murmuraciones y chismes por una mujer.
MOLER.—Soñar estar moliendo algo indica que hay que estar a la expectativa de algo.
MOLINERO.—Si trabajas, nunca serás pobre. En cambio, si no trabajas, aunque seas muy rico, serás pobre.
MOLINOS.—Ver los molinos en sueños augura riqueza y buen éxito en los negocios y empresas.
MONEDA.—Soñar con monedas de plata augura bienestar y dicha en los negocios y en la familia.
MONOS.—El que ve monos es indicio de que tiene enemigos peligrosos.

MONSTRUOS. — Si se ven monstruos a poca distancia, señal de contento y de dicha. Salud y amistad del que sueña con monstruos. Si se está lejos de ellos, hay que tomar precauciones de algún enemigo que trata, por todos los medios, de estar cerca a fin de causar males.

MONTAÑA.—Ver una gran montaña indica que se emprenderá un viaje feliz.

MONTEPÍO.—Fortuna y honores.

MORCILLA.—Si sueñas que la estás haciendo, te ocasionará una pena. Si la comes, recibirás una visita inesperada.

MORDEDURA.—Ten cuidado que no te vaya a picar una serpiente o un animal venenoso. Este sueño indica celos y envidia. Si en sueños te ves mordido por algún animal, es señal de tristeza y de fastidio.

MORENA.—Soñar con una mujer morena es señal de fertilidad, abundancia y muchos hijos.

MORIR.—Verse agonizando en sueños indica que próximamente será abandonado.

MORTERO.—Procura no intervenir en discusiones o negocios de personas de tu familia, pues puede resultar que te hagan víctima de calumnias y no lograrás hacer valer tu opinión. Augurio de que no debes hacer sociedad en los negocios, pues te pueden sorprender y perderás tu dinero. Deberás estar alerta a cualquier proposición de negocios.

MOSAICO.—Tendrás noticias, unas buenas y otras malas.

MOSCAS. — Soñar con moscas, augurio de de que recibirás visitas molestas e inoportunas. Cuida tu negocio, teniendo el personal indispensable para la buena administración del mismo. También augurio de que tienes personal sobrante e inepto que puede causarte, a la larga, graves pérdidas.

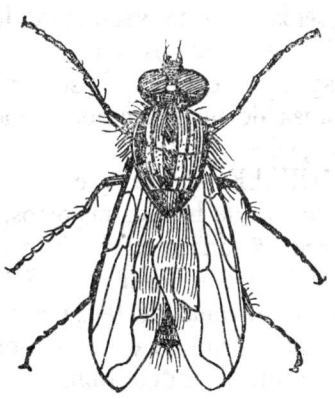

MOSTAZA.—Si el que sueña es un médico o un curandero, fatal agüero.

MOSTRADOR.—Evita especulaciones peligrosas. Lo más seguro es el dinero guardado en un banco.

MOTÍN.—Cobardía. Torpeza.

MUCHACHA.—Deleites inocentes.

MUCHACHO.—Indica que tendrás noticias de un parto doble.

MUDANZA.—Soñar con una mudanza, se recibirán malas noticias.

MUDANZA (de sexo).—Este sueño es indicio de que serás padre (o madre) de un hijo que hará honor a tu familia. Si en sueños ves cambiar de sexo a un hombre indica deshonores e infamias.

MUDO.—Este sueño es indicio de que ocurrirán dificultades entre familiares.

MUEBLAJE.—Orgullo abatido. Si el mueblaje es pobre, presagia que tendrás amores desgraciados.

MUEBLES.—El que sueña si lo está haciendo, indicio de que con entusiasmo logrará triunfos en sus negocios. Si está vendiendo los muebles, deberá adquirir bienes raíces para que logre incrementar, en corto lapso, su capital. Si sus muebles los ves destruidos a causa de un incendio, tenga precauciones y vigile sus negocios.

MUELLE.—Si el que sueña camina sobre el muelle, augurio de buenos negocios. Si se cae de él, indica que perderá dinero en sus inversiones.

MUERTE.—Besar en sueños a un difunto, señal de larga vida. Ver a un cuerpo en el ataúd, predice una fuerte indigestión. Si sueñas que se está muriendo una persona ya fallecida, presagia que sus familiares vendrán a visitarte. Soñar ver hablar a un muerto, indica que el que sueña tendrá una vida similar a la del muerto. Hablar con una persona ya muerta, indica que conviene poner en orden los asuntos y procurar tener  buena conducta. Si el que sueña, se ve muerto, presagio de grandes favores de un gran personaje. Ver enterrar a un muerto, según algunos autores, indicio de una muerte repentina. Según otros, augura riquezas y fortuna o un matrimonio ventajoso. Si estás peleando contra una persona fallecida, favores de una dama.

MUESTRA.—Cuida mucho tu reputación pues ésta supera en mucho a los más grandes bienes materiales.

MULA.—Indica aumento en los negocios. Si la mula lleva carga, dificultades en los negocios o empresas.

MULADAR.—Soñar con un muladar augura bienestar. Si se sueña echado en él, indica preocupaciones y humillación.

MULATO.—Ver en sueños a un mulato, indicio de gloria y dicha.

MULETAS.—Andar con muletas el que sueña, indica que se perderá dinero si es aficionado al juego. Si solamente se ven las muletas, recuperación de la salud después de una larga y penosa enfermedad. Si se ve a otra persona con muletas, augurio de que la envidiarás, pues triunfará en sus negocios o ascenso en su empleo.

MULTA.—Soñar en pagar una multa es señal de que se obtendrá algún provecho. Si otra persona la está pagando es indicio de un pleito azaroso.

MUÑÓN.—Está muy próximo, para el que sueña, un grave peligro.

MURCIÉLAGO.—Indicios de que tendrás grandes y penosas aflicciones. Ver varios murciélagos, indica la muerte de varios familiares.

MUROS.—Augurio de habladurías y falsos conceptos entre las familias.

MÚSICA.—Oír tocar o cantar en sueños indica alegrías.

MUJER.—Soñar con una mujer desconocida es signo de calumnia.

MUSLOS.—Si se sueñas que están quebrados, muerte en el extranjero.

N

NABOS.—Verlos, indicio de curación.

NACIMIENTO.—Asistir a un nacimiento en sueños es señal de buena suerte.

NADAR.—En un estanque de agua limpia, placer y comodidad. Nadar en río caudaloso indica futuros peligros.

NAIPES. — Jugar a los naipes el que sueña, tome precauciones, pues lo pueden hacer víctima de engaños. Si son sus amigos los que están jugando, no tenga negocios con ellos. También indicio de la pérdida de dinero.

NALGAS.—Infamia. Si son las de una mujer, lujuria y voluptuosidad.

NARANJA.—Estar comiendo una naranja indica dolores causados por una herida.

NARIZ.—No tener narices en sueños, señal de penuria y enemistades. Tenerla obstruida, peligros. Verla grande y abultada, indica riquezas y poder.

NAUFRAGIO.—Soñar con un naufragio, presagio de pesares y sinsabores.

NAVAJA.—Traición que se desbarata. Espolvorea sal en el suelo.

NAVÍO.—Soñarse en él indica alegría. Si el agua por donde boga está tranquila es augurio de bienestar en los negocios.

NEBLINA.—Si el que sueña va en viaje por carretera tendrán un recorrido sin contratiempos y llegará a su destino en el tiempo marcado.

NECESIDAD.—Verse en sueños víctima de necesidades, inesperado aumento de fortuna.

NEGOCIOS.—Hacer negocios, en sueños, es señal de que se recibirá una herencia. Si los negocios son malos hay que pensar seriamente en la religión.

NEGRO.—Ver un negro en sueños indica tristeza y vanas esperanzas.

NIDO.—Si el que sueña encuentra un nido de pajarillos augurio de aumento en su familia. Si es de serpientes, calumnias y maledicencias.

NIEBLA.—Es indicio de que sufrirás pérdidas en tus negocios. Toma muchas precauciones.

NIEVE.—Verla en cualquier estación menos en invierno es señal de buena cosecha para los labradores. Para los comerciantes, signo de malos negocios y pérdidas.

NINFA.—Si la que sueña es mujer, se verá sustituida por otra mala amiga con el hombre de su predilección.

NÍSPEROS.—Pereza.

NIVEL.—Tendrás tratos con jueces de intachable conducta e incorruptibles.

NIÑERA.—Ejerce vigilancia en tus negocios, pues están en manos de personas que no corresponderán a tu confianza.

NIÑO. — Soñar con niños es signo de buena salud y alegría provechosa. Ver morir a un niño, señal de que se tendrán dificultades y pérdidas en los negocios. Si son niños en una escuela, augurio de que proteja y ponga atención en los estudios de sus hijos. Si se ve caminando un niño, augurio de enfermedad larga y penosa en uno de sus hijos. Si son niños jugando en los patios o jardines, augurio de buena salud en sus hijos.
NOCHE.—Deambular en la noche indica fastidio y tristeza. Ten cuidado con los ladrones, especialmente en la noche.
NODRIZA.—Si sueñas con una nodriza es indicio de que sufrirás penas y aflicciones.
NOTARIO.—Este sueño indica que se tendrán noticias de un próximo matrimonio.
NOTICIAS.—Recibirlas si son buenas augura accidentes. Si son noticias malas es indicio de alegría y honores.
NOVENA.—Soñar que se está rezando una novena indica bondad de corazón.
NOVICIO.—Este sueño es indicio de que se obtendrán satisfacciones.
NOVIO.—Ver a alguien vestido de novio o de novia, es augurio de una boda frustrada.
NUBES.—Si se observan oscuras y amenazadoras augura discordia entre parientes.
NUDO.—Este sueño es señal de enredos y dificultades.

NUECES.—Estar partiendo nueces o comiéndolas, indica discrepancias entre la familia y dificultades en el trabajo.
NUERA.—Indica que se logrará obtener un cariño verdadero.
NÚMERO.—Si sueñas algunos números, procura comprar un billete de lotería que tenga los números que viste en sueños. Este sueño es siempre de muy buen augurio.

O

OBELISCO.—Señal de una buena adquisición. Grandeza y fortuna.
OBLEAS.—Un amigo a quien tú crees muy leal, te causará un gran disgusto.
OCA.—Rompimiento matrimonial.
ODALISCA.—El que sueña que va acompañado de una odalisca, augurio de que conquistará el amor de una mujer.
ODIO.—Soñar que se odia a alguna persona, es casi seguro que ella te aborrece en la vida real.
OFERTA.—Benevolencia. Indicio de amistades que son sinceras.
OFICIAL DEL EJÉRCITO.—Tus trabajos serán mal remunerados.

OJOS. — Si son bellos, indicio de que habrá alegría. Si se pierde un ojo, desgracias.

OLAS.—Si son imponentes indica que tienes rivales poderosos que siempre te están acechando.

OLIVAR.—Este sueño es signo de buena fortuna.

OLORES.—Si la que sueña es una mujer y los olores son agradables, señal de que será infiel a su marido y lo traerá siempre a mal traer. Soñar en ponerse olores en la cabeza es signo de amistad. Si los olores son nauseabundos, presagia desgracias.

OLLA.—Olvido de un gran amor. Si la olla es de barro, ten cuidado con el gato, pues puede ocasionar un incendio en tu casa.

OMBLIGO.—Este sueño indica peligros y víctima de acusaciones.

OPERACIÓN.—Soñar ver un intervención quirúrgica, indica pérdida de un amigo. Igualmente, pérdida de bienes.

OPOSICIÓN.—Tendrás una buena reconciliación con la persona amada.

OPRESIÓN.—Grandes trastornos por vicios adquiridos con amistades libertinas.

ORÁCULO.—Supersticiones. Ten cuidado, no te fíes de la persona que te diga que va a interpretarte por medio de los naipes.

ORADOR.—Soñar que se escucha a un orador significa amabilidades.

ORDEN.—Si el sueño es tener en orden las cosas tendrás riquezas. Si estás poniendo en orden algunos papeles, éxito en los negocios. Dar órdenes, tendrás que reflexionar antes de actuar.

ORGANILLO.—Tocar un organillo augura fallecimiento de un pariente.

ÓRGANOS (genitales).—Probable padecimiento de esterilidad de la persona que sueña.

ORGÍA.—Tendrás que cambiar tus malas costumbres, so pena que te despreciará tu amada.

OREJAS.—Soñar que se está aseando las orejas, tendrá siempre fieles servidores.

ORINAR.—Si lo haces junto a una pared, buen signo para las empresas. Si lo haces en la cama, indica que tus negocios sufrirán retrasos.

ORINES.—Augura una brillante juventud. Beberlos, en sueños, signo de que sanarás de una larga y penosa enfermedad.

ORO.—Soñar con oro indica que lo que ambiciones resultará inútil.

ORTIGA.—Serás víctima de traiciones por parte de malas amistades.

OSAMENTAS.—Realizarás una travesía con muchos contratiempos y disgustos.

OSO. — Si se sueña que un oso lo persigue, indicio de angustias y penas. Si sólo se ve correr al oso, fácil logro y éxito para los negocios. Si es una manada de osos la que se ve en sueños, augura que vendrán sus amigos a ayudarle cuando se le presenten apuros o conflictos. Si el oso está estacionado, paz en su vida.

ORUGA.—Serás víctima de disgustos que te ocasionarán personas sin escrúpulos.
OTOÑO.—Felicidad en el seno de tu familia, pues recibirás una herencia.
OVEJAS.—Dicha y paz para el que las sueña, tristeza si las ve matar y desgracias si se ven riñendo entre sí.

P

PABELLÓN.—Mal augurio al empezar un negocio. No obstante sigue adelante y no te desanimes.
PACTO (con el diablo).—Buenos negocios, pero por caminos ilícitos que al final te traerán muchos dolores de cabeza.
PADRE.—Para el que sueña con su propio padre, dichosa esperanza.
PADRINO.—Tendrás noticias en breve tiempo de un bautizo o de una boda.
PAGAR.—A los sirvientes entregar su salario, indica que eu trabajo será bien remunerado. Si estás pagando a tus acreedores pronto te cambiarás de domicilio. Pagar una deuda, augurio de gran consuelo en las tristezas.
PAISAJE.—Soñar un paisaje bonito augura aumento en la familia o se recibirán noticias, en breve tiempo, de una persona ausente.

PAJA.—Ver un haz de paja, bien acomodada, es signo de abundancia y de riqueza. Desparramada indica miseria.

PÁJAROS.—Verlos volar augura alegría y provecho. Matarlos, indica desgracia. Si se ven volando en dirección del que los está soñando, sus negocios se tambalean. Si están cantando, feliz éxito en todo lo que emprendas.

PAJE.—Seguridad y confianza en tu vida. Te sentirás firme en su posición.

PALA.—Tu trabajo ahora es duro, pero continúa con empeño y al final podrás ver los buenos resultados con el favor de Dios.

PALACIO.—Soñarse en un palacio indica que tendrás inquietudes.

PALMA.—Soñar con una palmera es muy buen sueño, pues vaticina un futuro próspero. Próximo matrimonio y buenos rendimientos en todos los asuntos o en los estudios.

PALO.—Si se tiene en las manos, tristeza. Apoyarse sobre un palo indica dolencia. Dar de palos a alguien, beneficios sin cuento.

PALOMAS. — El que sueña palomas en el vuelo, augurio de que gozará de placeres y felicidad con su familia. Si se ven en un nido, augurio de que habrá bodas felices. Si una persona está con una paloma en las manos, te ayudará.

PAN.—Soñar que se está comiendo pan es señal de provecho.

PANTALÓN.—Ver un pantalón en mal estado presagia indigencia.

PANTORRILLA.—Si la pantorrilla es bonita, indica lujuria. Si es fea, augurio de amores que resultarán afortunados.

PAÑUELO.—Si el pañuelo es blanco, denota inocencia. Guardarlos y acomodarlos, fidelidad.

PAPA.—Gozarás de felicidad en compañía de una mujer.

PAPAGAYO.—Soñar con un papagayo indica que tu secreto será descubierto.

PAPEL.—Ver un papel escrito indica pleitos y malas voluntades.

PARAGUAS.—Verse con un paraguas augura una futura prosperidad.

PARQUE.—Ir paseando por un parque indica que la fortuna será recuperada.

PARTES SEXUALES.—Soñarlas, indica buena salud en la familia.

PASTELES. — El que ve que están haciendo pasteles, recibirá grandes alegrías y satisfacciones, en los estudios o en los negocios. Ver reunión de niños con un pastel, precauciones con los menores en la familia, pueden ser víctimas de accidentes. Caer al suelo, mal negocio.

PAZ.—Si deseas gozarla en tu hogar deberás tener buena conducta.

PECES.— Si los peces son grandes, augurios de abundancia. Si hay de varios colores, sabrá el que los sueña, de un enfermo que se pondrá grave. También injurias entre parientes.

PECHO.—Si los sueñas que están hermosos y sanos, indica salud y alegría. Si es velludo, ganancias y provechos si el soñador es hombre. Si es mujer, le augura una viudez prematura. Si es ancho y gordo, larga vida, paz y salud en la vejez. Si se ve traspasado por una daga o un puñal, malas noticias.

PEDIMENTO.—Indica que eres de carácter voluble. Fortuna insegura.

PEDO.—El que tiene este sueño será víctima de maledicencias y calumnias.

PEDRADA.—Tendrás galanteos y amoríos fáciles con mujeres de conducta dudosa.

PEINADOS (SALÓN DE).—Si el que sueña instala un salón de peinados, indicios de que tendrá éxito en el negocio que tiene pensado. Si va por su mujer que la están peinando, mal augurio, tenga cuidado con amores que le resultarán falsos. Si es niño el que están peinando, augurio de que sus hijos gozarán de buena salud y éxito en sus estudios.

PEINAR.—Si se está peinando a alguna persona indica que tendrás un pleito. Tómalo con calma.

PELUCA.—Cuidado con un reumatismo.

PELUQUERO. — Si se ve a un peluquero que viste limpio y elegante, augurio de prosperidad en los negocios o buenos adelantos en los estudios. Si está arreglando el pelo a una persona, le espera una enfermedad penosa y de largo tiempo. Hay que tener precauciones en temporada de lluvias.

PELLIZCO.—Sufrirás una enfermedad por el exceso de diversiones malsanas. Toma en cuenta que primero debe ser el bienestar de tu familia.

PÉNDULO.—Aprovecha tu tiempo, pues este sueño indica que no has puesto atención a tus negocios o estudios últimamente.

PEÑA.—Infidelidades que te ocasionarán grandes y graves riesgos. Amor poco honrado, ten precaución, pues hay peligro de que te descubran.

PEPINO.—Pérdida de bienes por tu incapacidad. Necedades y ridiculeces.

PERAS.—Comerlas maduras y sazonadas indica una dulce satisfacción. También augurio de próximo matrimonio.

PERCHERO.—Vejez prematura, por tu inercia. Aprovecha tu tiempo, pues la caída es más dura cuando has tenido éxito.

PERDONA.—Soñar en conceder algún perdón, casi en todo tiempo es señal de pesares y lutos.

PEREGRINO.—Feliz presagio para el que lo sueña, ya sea hombre o mujer.

PERIÓDICOS.—Ver muchos periódicos en sueños, indicios de mentira y mala fe.

PERLAS.—Un mal sueño, pues presagia penuria, tristeza, miseria y hambre. Estarlas ensartando, fastidio y soledad.

PERMISO.—Solicitar algún permiso en sueños, augura alegrías pasajeras.

PERSONAJE.—Indica este sueño alegrías y consuelo en las desdichas. Recibir la visita de algún personaje, signo de honor y consideraciones.

PERRO. — Si está dormido augurios de gozar felicidades y tranquilidad. Si el perro gruñe o ladra, hay que tener precauciones con la familia, sobre todo si se va a emprender largo viaje. Si se ven varios perros, durmiendo, augurios de un buen matrimonio y muchos hijos de buena salud. Si pelean, barruntos de riñas.

PESADILLA.—Desconfía de la fidelidad de tu cónyuge. Pero tú también debes ser fiel, pues el ser amado siente lo mismo que tú.

PESTE.—Estar enfermo de la peste, en sueños, indica que lograrás una gran fortuna, pero debes vigilarla y cuidarla.

PESADUMBRE.—Si en el sueño se ven apesadumbrados, indica que pronto tendrá una gran alegría, pues recibirán protección de los superiores.

PESCAR.—Soñar que se está pescando con una caña indica olvido de injurias.

PESO.—Éxito importante en la vida. En poco tiempo habrá casamiento.

PETACA. — La persona que sueña una petaca, si ésta está llena, indica buena amistad y buena fortuna en los negocios. Si está vacía, augurio de pérdida de la fortuna.

PIANO.—Oír tocar o tocar piano en sueños indica que se tendrán disgustos y altercados con amigos. Verse tocando el piano, augura tranquilidad y buen futuro no lejanos.

PÍCARO.—Tendrás noticias de alguna persona que se encuentra en presidio. Acuérdate que en la cárcel y en la cama se conoce a los amigos.

PICHÓN.—Ver pichones volando, si son blancos, es signo de consuelo y de buen éxito en las empresas. Si son negros, próximo luto.

PIEDRAS.—Andar entre las piedras, augura vida de sufrimientos y penas.

PIEL.—Si es blanca indica que tienes confianza en ti mismo, debido a tus estudios. Morena, augura que recibirás ingratitudes. Piel de animal, indicio de sufrir crueldad.

PIERNAS.—Soñar con las piernas bien formadas, indicio de buen viaje, lleno de alegría. Éxito en las empresas. Amputadas, enfermedades o muerte.

PIES.—Si se sueña que los pies están enfermos, indica alivio a las penas y buen estado en las empresas. Lavarlos, augura que tendrá muchos ratos de fastidio. Ver quemados los pies, augurio de accidentes.

PILA.—Si es de agua bendita, consuelo en las penas y aflicciones.
PIÑA.—Ver o comer piña, es señal de disgustos en los hogares.
PINTAR.—Soñar que se está pintando, indica que gozará una vana alegría.
PIOJOS.—Ver piojos en sueños, sentirlos en la cabeza, o que se los están quitando, señal de mucho dinero y de toda clase de riquezas.
PIPA.—Si el que sueña está fumando en pipa, augura triunfos.
PIRAGUA. — Si la persona que sueña con una piragua no toma sus precauciones en su vida, le llegarán muchos sinsabores y además le causarán muchos males. Malos negocios y ruina por no vigilarlos.

PIRÁMIDE.—Bienestar y opulencia. Si se está en la cúspide, indica que se harán buenas adquisiciones o buenos negocios. Orgullo.
PISAR.—El suelo descalzo, felices negocios. Pisar una cama, dilatación de pagos.
PIZARRAS.—Se te presentarán obstáculos no previstos en tus negocios.
PLACERES.—Si en sueños te entregas a los placeres es que te falta energía y empuje.
PLANCHA.—Tú ganarás el pleito, pero te deben importar más las cosas espirituales que el valor del negocio. Más vale concertar un mal arreglo que un buen pleito.

PLANTAS MEDICINALES.—Auguran una salud perfecta que te mantendrá a salvo de caer en manos de médicos o de curanderos.

PLANTAS.—Soñar con plantas, auguran una larga vida y buena salud.

PLATA.—Encontrarla, augura una larga vida. Venderla, indicio de buenos negocios.

PLATO.—Si el plato está con manjares, augura una próxima boda. Si el plato está roto, se perderá una vieja y buena amistad. Si el plato es de oro, buenos negocios y empresas beneficiosas.

PLEITO.—Ser testigo de un pleito, o estar de actor en un pleito, en sueños, indica intereses y tiempo que se verán perdidos.

PLOMO.—El que sueña con este metal, debe cuidar su salud.

PLUMAS.—Si son blancas traerán alegrías. Si son negras, lágrimas.

POLILLA.—Este sueño indica que tienes amigos o gente a tu servicio que obran con falsedad. Con dificultades te podrás librar de ellos.

PORDIOSERO.—Verse en sueños convertido en pordiosero, confianza de ser dichoso.

PORTAMONEDAS.—Si no trabajas con ahínco, tu dinero y tu fortuna se te esfumarán. Tus negocios no te rendirán beneficios.

PORTERO.—El soñarse portero indica que será víctima de maledicencias y chismes.

POLVERA.—Estarse empolvando, o ver una polvera bonita, indica que se tendrá un conflicto por una conquista amorosa.

POLLOS.—Ver muchos pollos y cacareando, presagian alegría y placeres.

POZO. — Si se saca agua limpia y abundante de un pozo, augurio de un casamiento muy ventajoso. Si una persona se va al fondo de un pozo, se sufrirán injurias y humillaciones. Cuidado con los negocios, pues al menor descuido, pueden empezar a desorganizarse y te causarán la ruina.

PRECIPICIO.—Verse caer en un precipicio, indica grandes peligros para la persona que lo sueña.

PREGONERO.—Dificultades y sinsabores conyugales de momento. Obra con prudencia, pues una cosa pequeña a veces llega a mayores por falta de emplear buen tacto.

PREGUNTAS.—Si se las estás haciendo al que sueña, augurio de curiosidades y recelos.

PREMIO.—Si en sueños lo otorgas, te traerá alegrías. Si el premio lo recibes, orgullo. Juega en esta fecha a la lotería.

PRESENTES.—Si los haces, augura ruina. Si los recibes, habrá provecho por tu casa.

PRESIDIO. — Si una persona de tu amistad la internan en un presidio, indica que ha logrado un buen negocio. Ten cuidado con las amistades que te frecuentan. Medita lo que tratas de hacer.

PRIMO.—Si en sueños se va de paseo con un primo o prima, en fecha próxima habrá matrimonio de una pareja de tus amistades.

PROFECÍA.—No hagas caso de las profecías, sólo cuando se te manifiestan de manera muy clara en tus sueños.

PROMETIDO.—Si es mujer la que lo sueña, en breve lapso contraerá matrimonio y será muy feliz y con numerosa familia.

PROPIEDAD.—Soñar en recibirla, augura casamiento con persona muy agradable y con grandes dotes y cualidades. Si la propiedad es grande, indica muchos placeres y alegrías. Salud y riqueza que traerá felicidad conyugal.

PROTECCIÓN.—Si la solicitas, indicio de humillaciones. Si la concedes con demasiada autoridad, pronto tendrás tú que solicitarla.

PROTESTA.—Tribulaciones y penas por falta de dinero. Tú sólo, nadie más, debe resolver los problemas que afrontas.

PROVISIONES.—Si se sueña que se están haciendo provisiones, indicio de que se recibirá, en fecha no muy lejana, una utilidad práctica. Si se pierde una bolsa con provisiones, malas cuentas.

PUENTE.—Si se sueña que se está pasando por un puente, augurio de muchos trabajos.

PUERTA.—Abrirla, te augura una buena posición. Si la derribas, tendrás noticias de persona que se encuentra en prisión. Si las ves quemadas o consumidas por el fuego, mala señal, pues casi siempre indica la muerte de algún ser querido o de la persona que está soñando. Si se está pintando la puerta, próximo cambio de domicilio.

PULGAS.—Si se sueña con tener pulgas, indicio de disgustos y penas.
PULMÓN.—Si se sueña con dolor en el pulmón, disgustos y penas.
PÚLPITO.—Si sueñas estar en un púlpito, indica que lograrán grandes riquezas.
PUÑAL.—Ver un puñal en sueños, indica que en breve tiempo se recibirán noticias halagadoras de personas ausentes. Si se ve que una persona se acerca portando un puñal, escúchala, pues te viene a traer buenas noticias o te propondrá un buen negocio, que a poco tiempo, te rendirá buenas utilidades. Si el que sueña se siente herido por un puñal, tome precauciones, pues lo pueden hacer víctima de engaños o fraudes. Si el que sueña pega a una persona con un puñal, indicio de que llevará paz y amistad a la familia.
PUÑO.—Tener lastimado un puño, augura malas noticias. Dar o recibir puñetazos, indica que tu libertad está en peligro. Obra con cautela para que no seas víctima de contratiempos.
PUPITRE.—Si se le ve en mal estado, en poco tiempo se tendrán noticias de algún fallecimiento de persona conocida y estimada.
PUPILAS.—Si son grandes, estimación de personas que creías alejadas de tu vida. Si son pequeñas, lograrás desprecios.
PURGA.—Estar tomando una purga, error desvanecido. Si hay salud quebrantada, en breve tiempo será recuperada.
PÚSTULAS.—Sentirlas en el cuerpo, indica que se obtendrás muchas satisfacciones.

Q

QUEBRANTO.—Recibirás un regalo espléndido, en pago de un favor que hiciste a una persona que estaba necesitada de tu ayuda.

QUEJAS.—No debes meterte donde no te llamen, pues tú sabes que "el que mete paz, saca más".

QUEMAR.—Ver quemar en sueños una cama, o quemarla uno mismo, signo de enfermedades. Si es mujer la que sueña, augura que su marido se encuentra en grave peligro.

QUEMAZÓN.—Soñar con un incendio o quemazón, es señal de enfermedades y daños. Ver arder ropas y muebles, injurias.

QUERIDA.—Deja ya esas cosas alocadas y dedícate a educar a tus hijos.

QUINTA.—Si se la ve muy frondosa, augura un enlace de gran porvenir y lucrativo. Buena terminación de un largo pleito. Serás preferido para disfrutar de una herencia que te llegará inesperadamente.

146 —

R

RÁBANO.—Protege la reputación de tus hijos, pues una revelación de secretos de familia te va a ocasionar serias dificultades.

RABO.—Si el que sueña ve un rabo recibirá una noticia agradable. Regalo inesperado.

RAMA.—Si se ve una rama de árbol en el suelo, indica planes frustrados.

RANA.—Desconfía de los que te rodean con adulaciones, pues son indiscretos.

RAPTO.—Soñar un rapto, señal de proposición de matrimonio.

RAQUETA.—Ver una raqueta, disgustos. Revelación de secretos familiares.

RATA. — Necesitas tomar muchas precauciones, pues un amigo te está jugando sucio y puedes ser víctima de una mala acción.

RAYO.—Ver caer un rayo, indicio de que existirán las discordias.

REBAÑO.—Si el que sueña se ve entre un rebaño, indicio de que tendrá un compromiso con una mujer coqueta.

RECLUTA.—Si te sueñas de recluta, tendrás paz con tu cónyuge, pero debes usar con certeza la cabeza. La empresa en la que piensas desde hace tiempo tendrá buen éxito.

REDES.—Si son redes para pescar, el tiempo tenderá a cambiar. Cuidado con el mar.

REFRESCO.—Soñar que se está bebiendo un refresco indica que los tiempos de estrechez cambiarán y vendrá un lapso favorable e inesperado.

RECOMPENSA.—Si el que sueña es hombre obtendrá una retribución espléndida. Si es mujer, su amor será correspondido.

RECORTAR.—Soñarse recortando, buen augurio. No pierda la esperanza. Obra con cautela.

REGADERA.—Soñar que se está tomando un baño de regadera, pérdida de una prenda de valor. Mal presagio.

REGALO. — Recibir o dar un regalo, indicio de prosperidad en los negocios. Felicidad y buena salud en tu vida. Triunfos en los estudios. Muerte de un enemigo.

REGAÑAR.—Si el que sueña que está regañando tiene subalternos, le desobedecerán.

REGAR.—Si es un jardín con flores lo que sueñas estar regando, tendrás dicha en el amor. Si son legumbres, se te presentará un grave peligro. Si es la calle la que estás regando, augura lágrimas y tristezas. Estar soñando en ver regar a una persona, siempre es mal presagio.

REGOCIJOS.—Soñar que se está contento, indicio de alegrías.

REGRESO.—Recibirás buenas noticias, si el regreso es a los lugares que ya se han habitado. Soñar con el regreso de alguna persona ausente, olvido.

REINO.—Esperanzas mal fundadas. Habrá que tener cuidado. Abandono de estado.

REÍR.—Presagio de llanto. Si el que sueña se ve riendo a carcajadas, señal de incomodidades y disgustos en el término de cuarenta y ocho horas.

REJA.—Si está delante de ella el que sueña, presagio de próxima libertad. Hay que hacerlo bien.

RELÁMPAGO. — Si el que sueña, ve caer del cielo los relámpagos, indica dificultades y discordias en el seno de la familia. Si otra persona los está viendo, señal de que triunfará en los negocios que va a empezar. También paz en el hogar.

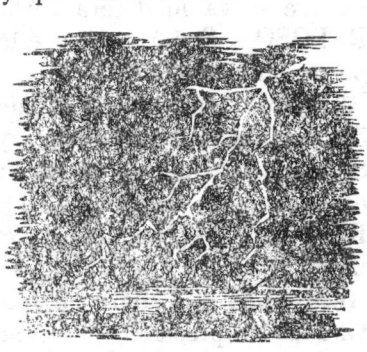

RELIQUIA.—Su tesoro está en peligro. Póngalo a buen resguardo.

RELOJ.—Indica que se deberá aprovechar más bien el tiempo. Si se recibe el reloj, enfermedades y bochornos. Darlo, se evitará algún contratiempo o disgusto. Empresa feliz.

REMIENDO.—Chasco imprevisto por no haber tenido precauciones.

REMOLACHAS.—Si se cultivan en sueños, protección de la fortuna.

REMO.—Si en sueños se ve con un remo, debe meditar muy bien lo que va a decir.

REMAR.—Soñar que se está remando, indica estorbos y fatigas. Si el remo se rompe, augura que se está en peligro de muerte.

RENCOR.—Si se sueña que se tiene rencor contra cierta persona, hay que tratar de disiparlo.

RENTA.—Si se sueña que se pierde una renta, augura un buen aumento en la fortuna. En cambio, si se suele tenerla, es que carece de la misma. No la conseguirá nunca.

REPIQUE.—Si el que sueña es el que repica, augurio de que su vanidad será burlada.

REPOSO.—Soñar que se está reposando, es señal de persecuciones.

REPRIMENDA.—Estar dando una reprimenda, en sueños, indicio de pesadumbres y sinsabores en el hogar. Si se está recibiendo la reprimenda, augurio de pesadumbres en la familia.

REPTILES.—Tenga mucho cuidado, pues este sueño, indica que hay falsos amigos.

RESBALAR.—Peligro en fecha no lejana. Alguien le va a pedir prestado, pero tenga cuidado, pues lo que preste no se lo devolverán. Lo quieren hacer caer en una trampa.

RESFRIADO.—Soñar estar padeciendo un resfrío, indica que recibirá una injusticia próximamente. Correspondencia interrumpida.

RESTOS.—Ver los restos de un difunto, ganancia inesperada.

RETABLO.—El viaje que tenía planeado se suspenderá, pero será con gran alegría del que sueña. Grave atentado. También augura una vejez prematura.

RETAMA.—Recibirás una noticia que te producirá, en primer lugar, alegría; después, te ocasionará disgustos. Agravios.

RETO.—Si el que sueña es el que provoca un desafío indica infamias y maledicencias. Si se recibe el reto, es augurio de que se conseguirán agravios que se han buscado.

RETRATO.—Augura una larga vida para la persona retratada. Si le ofrecen un retrato al soñador, indica traiciones.

RETRETE.—Amores sin importancia que causarán tu ruina si no te apartas de ellos.

REVOLUCIÓN.—Ver una revolución en sueños, presagio de que hay anarquía en... la familia. Despotismo.

REVÓLVER. — Descubrimiento y captura. Entre hombres, soñar a uno de ellos portando un revólver, indica celos. Si son varias, personas avaras.

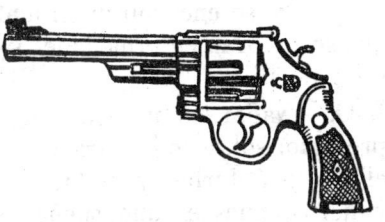

REY.—Soñar con un rey rodeado de su corte, señal de acechanzas y engaños. Si lo ves solo, augura rebelión y conjuras. Si lo ves orando, mala señal. Si lo sueñas muerto, cambio de situación debido a una herencia inesperada.

RIACHUELO.—Si es de agua clara, presagio de que tendrás un magnífico empleo, pero deberás aprovecharlo. Si el agua está turbia o revuelta, señal de daños ocasionados por tus enemigos. Si ves alguna persona de tu familia, sola o acompañada, dentro de él, te solicitarán los ayudes a resolver sus problemas.

RIÑA. — Si sueñas que estás viendo una riña entre dos amantes, presagio de una buena boda. Si es entre amigos, presagio de que tu fortuna se encuentra en grave peligro; debes cuidarla, para no verte, en breve tiempo, en la ruina.

RIÑONES.—Alegría y disfrute de buena salud. Casamiento y hermosos hijos, si los riñones están en buen estado. Si se encuentran en mal estado o flojos, indica que se sufrirán enfermedades y aflicciones. Tal vez pérdida de hijos.

RÍO.—Nadar en un río claro y tranquilo, venturoso presagio, sobre todo para los viajeros. Si al contrario, el río está turbio y agitado, indica peligro para los viajeros, pues el que sueña está próximo a caer en desgracia de sus jefes o superiores. Si el río se desborda y entra en una habitación mojando los muebles, es señal de violencia y daños por enemigos. Si el que sueña se ve andando encima de un río, indica elevación.

RIQUEZA.—Si sueña en poseer una riqueza, indica miseria; pero no se desanime, pues con empeño tal vez pueda triunfar.

RIVAL.—Soñar con un rival, peligro. Tenga cuidado. Hay malvados dentro de su empresa que le pueden causar perjuicios.

ROBAR.—Si lo robado es ropa o vestidos, seguridad y provecho para quien sueña.

ROBO.—Mal augurio para el ladrón.

ROMPER.—Un vaso, indica salud. Si es una cuerda, pesadumbres domésticas. Una rama, indica que estás en grave peligro. Un madero, tendrás noticias de alguna persona a quien tú quieres, que se murió repentinamente.

ROSCA DE REYES.—El que la sueña, recibirá un buen regalo que no esperaba.

ROCA.—Ir subiendo una roca en sueños, indica dificultades para alcanzar el éxito deseado. Bajarla, pérdida de padres o seres queridos.

ROMERO.—Gozará de buena fama el que lo sueñe. Enhorabuena.

ROSARIO. — Verlo en exhibición, buenas ganancias en las inversiones. En las manos de una mujer, toma las medidas necesarias, te pueden traicionar.

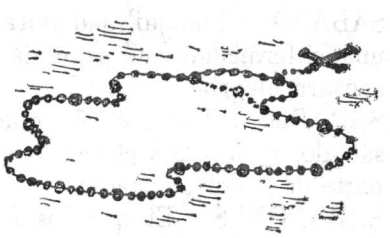

ROSTRO.—Si el rostro es bonito y fragante, traerá favores. Si es descolorido y feo, señal de fastidio y pobrezas. Lavarse el rostro, señal de arrepentimiento de todas las culpas.

RUECA.—Este sueño indica pobreza. Si se está hilando en la rueca, signo de oportunidad para un buen negocio. Consulte el libro de *Numerología* y juegue a la lotería.

RUEDAS.—Augura enfermedades. Si la rueda es de la fortuna, de feria, indica peligro inminente. Debe tomar precauciones.

RUIDO.—Percibir ruidos en el sueño, indica alegría. Si el que sueña es el que produce el ruido. augurio de castigo. Hay que tener precauciones y cuidarse de los amigos.
RUINA.—Enfermedad misteriosa. Su presencia en el sueño invita al arrepentimiento.

S

SÁBANA.—Tranquilidad duradera. Recuperación por una enfermedad que se creía incurable. Muerte que causará alegría.
SÁBADO.—El que sueña que está paseando en día sábado, resultará víctima de querellas y reyertas por parte de malas amistades.
SABAÑONES.—El que los sueña, padecerá dolores. Deseos de libertinaje.
SABIOS.—Si, en sueños hablas con ellos, indica que dentro de breve tiempo sufrirás engaños por parte de una persona muy querida.
SABOTAJE.—Si el que sueña es la persona víctima de sabotaje en su negocio o en su empresa, augurio de que le ayudarán algunos amigos a triunfar.
SACACORCHOS.—Consulte en el libro *Numerología* el número de billete que debe comprar, pues este sueño indica que en breve tiempo puede llegarle una fortuna imprevista.

SACERDOTE. — Si se encuentra oficiando misa, indica salvación. Esperanza para las enfermedades, pues en breve tiempo, sanarán. Si el sacerdote está predicando, te llegará consuelo a tus aflicciones. Si el cura pasea y es anciano, es buen presagio, llegarán tus amigos o familiares en ayuda para que logres triunfar en tu empresa.

SACO.—Si es un saco de vestir y en buen estado, buena suerte, pero tendrás que tener mucho cuidado con la cartera, pues acecha un peligro en los transportes. Si el saco es de trigo o de otras cosas, indica desafortunada empresa.

SACRILEGIO.—El que sueña que lo está cometiendo, cuidado con los que se le acerquen.

SACRISTÍA.—Soñar que te encuentras en una sacristía, augura una situación comprometida y con apuros. Peligro con una mujer joven.

SAL.—El que la sueña, demuestra su sagacidad, cordura y modestia.

SALA.—Si te ves asistente a una reunión, en una sala, tendrás tristezas.

SALCHICHÓN.—Si el que sueña lo está comiendo, deseo muy bien cumplido. Verlo en un escaparate, gran disgusto.

SALMÓN.—Soñar que se están comiendo, augurio de que se padecerá una enfermedad.

SALSA.—Este sueño indica enfermedad larga y penosa. Pequeño susto.

SALTEADORES.—Si en sueño lo sorprenden los salteadores, perderán algún pariente a causa de un accidente o se acabará la fortuna.

SALUD.—El que sueña que goza de buena salud, augurio de malas noticias respecto de un familiar que se encuentra ausente.

SALVIA.—Tenerla en las manos y percibir su olor, indica tristezas y trabajos. Si es médico el que lo sueña, indica un buen presagio.

SANGRAR.—Ver sangrar a una persona, señal de desprecio y vergüenza.

SANGRE.—Ver su propia sangre, indica que llegará una herencia inesperada. Si la sangre es ajena, se tendrán altercados con la familia o en los negocios. Verla brotar en gran cantidad, indicio de fortuna y riquezas inesperadas.

SANGRÍA.—Muerte de un joven amigo tuyo. Bancarrota en los negocios por no haberlos vigilado personalmente.

SANTO.—Soñar con un santo, aconseja que se debe moderar la conducta. Vanagloria que resulta humillada. Recibirán buenas noticias y le entregarán una herencia inesperada.

SAPO. — Ver un sapo indicio de que te ayudará una persona para que triunfes en tu negocio o en tus estudios. Si son varios sapos, indicio de que se padecerá miseria a resultas de malos negocios. Riñas.

SARAMPIÓN.—Si en sueños padeces esta enfermedad, mal presagio. Si es otra persona al que ves que lo padece, sufrimientos. Mal sueño.
SARDINAS.—Si el que sueña las está comiendo, indicio de que se tendrán querellas entre los familiares. Malos ratos.
SARTÉN.—Te llegarán buenas noticias. Habrá una inesperada reconciliación con una persona querida. Celos infundados. Secreto que será descubierto. Si eres infiel, procura tener precauciones para no molestar a tu consorte.
SARNA.—Es augurio de que te llegarán riquezas y fortunas inesperadas.
SASTRE.—Si el que sueña ve a un sastre que está trabajando, señal de que perderá posición y dinero en sus negocios.
SÁTIRO.—Si sueñas a una persona que lo es, sólo conseguirás malos consejos de ella.
SEBO.—Recibirás una ayuda inesperada si soñaste estar tocando el sebo. Tendrás confianza y éxito en tu trabajo.
SECRETO.—Si sueñas que te están contando un secreto, indicios de que te ocurrirán desgracias y serás víctima de tormentos.
SED.—Soñar que se padece sed, indicio de que se es ambicioso. Adquisición de bienes, si es que calma su sed con agua fresca.
SEDAS.—Indica opulencia. Presagio de obtener riquezas y fortuna.
SEDUCCIÓN.—Tendrás noticias de alguna persona que recibió una herida peligrosa.
SELLO.—Si el que sueña ve un sello, indicio de que nunca estará en peligro.

SEMILLAS.—Indisposiciones leves. Pérdida de honores. Cuide y proteja sus pertenencias, pues por un descuido puede quedarse en la ruina.

SEMBRAR.—Estar sembrando, en sueños, buenos presagios para los labradores y los comerciantes, pues se tendrán buenas ganancias.

SEMINARIO.—Toma tus precauciones, pues alguien te está traicionando. Falsedades.

SENO.—De mujer, presagia próximo casamiento si el que está soñando es soltero. Si es casada, indica que tendrá un feliz alumbramiento. Si el que sueña es persona madura, señal de que se lograrán riquezas. Si un hombre sueña que tiene senos de mujer, signo de afeminado.

SENTENCIA.—Víctimas de curiosidad. Contraerás numerosos vicios.

SEPULCRO. — Si el que sueña, va a visitar un sepulcro, presagio de que está en peligro por consecuencia de un accidente. Si ve a otra persona estacionada en un sepulcro, indica que deberá ayudarlo.

SERENO.—Recuperación de documentos. El viaje que tenías preparado se verá interrumpido.

SERRALLO.—No te dejes influenciar, tu carácter es débil de temperamento.

SERMÓN.—Estar escuchando un sermón, signo de beneficencia y amabilidad.

SEÑORAS.—Verlas juntas, es augurio de chismes y habladurías.

SERPIENTE.—Si en sueños se ve que se enrosca, presagio de que se padecerán enfermedades o se sufrirá prisión. Matar a una serpiente, señal de victoria sobre los enemigos.
SESOS.—Ver a alguien que le sacan los sesos, indica próxima muerte. Comer los sesos, está próxima una enfermedad.
SEXO.—Los órganos de ambos sexos, feliz augurio. Si es una mujer la que los sueña, presagio de que concebirá un hermoso niño que hará honor a toda su familia.
SIBILA.—Alguien leerá tu porvenir.
SIERRA.—Estar en la sierra, indica defunción. Ten cuidado y vigila a tus enemigos.
SILBIDO.—Echar un silbido, indica habladurías y chismes. Oír un silbido, estar alerta, pues presagia un peligro personal.
SILLA.—Estar sentado en una silla, indica distinción. Estar reposando en un sillón, presagio de un magnífico empleo. Si el que sueña tiene más de cincuenta años de edad, presagio de que tendrá días de mucha tranquilidad en el hogar, pero debe dejar de fumar.
SIMIENTES.—Si sueñas en sembrar simientes, como trigo, cebada o cereales, indica riquezas y buen porvenir. Si siembras legumbres, signo de trabajos que te resultarán mal remunerados.
SIRENA.—Peligro ocasionado por una mujer. Cuidado, puedes ser víctima de traiciones.
SITIO.—Si sueñas estar sitiando una plaza, señal de ruinas.
SOBRECAMA.—El que sueña, recibirá alguna protección que le redundará en prosperidad. Gozarás de una seguridad aparente.

SOBRESCRITO.—Prosperidad que llegará en breve tiempo.

SOBRINOS.—Si en sueños se les quiere, señal de buenos sentimientos. Si sueña que los aborrece, vejez muy amargada. Si se sufre en sueños por culpa de ellos, hay que tener clemencia y caridad para con ellos.

SOGA. — El que sueña ver una soga, augurio de que está próxima una penosa y larga enfermedad. Malos augurios a la persona que vea una soga sin enrollar.

SOL. — Si se ve que el sol está brillante, augurio de que tendrá buen día en los negocios o en los estudios. Si una mujer ve ponerse el sol, indica que pronto tendrá un hijo. Si el sol está oscuro y rojizo, indica enfermedades de un niño. Le harán "mal de ojo". Entrar en una casa donde el sol alumbra de 'lleno, presagia riquezas.

SOLDADO.—Verlos, indica cansancio. Si están armados, apuntando al que los sueña, abatimiento y fastidio. Si están haciendo ejercicios, esperanzas lisonjeras. Los borrachos y glotones pueden morir en breve tiempo.

SOLEDAD.—Falsa acusación. Chismes y enredos en que te verás inmiscuido.

160 —

SOMBRA.—Tu talento resultará premiado, buenas recompensas, pero debes obrar con discreción.

SOMBRERO. — Soñar que se tiene un sombrero roto y sucio, deshonor. Pero si el sombrero es nuevo y elegante, es indicio de alegría y fortuna.

SONÁMBULO.—Descanso interrumpido, por malas noticias. Enfermedad nerviosa.

SOPA.—Comerla, recobrará el que lo sueña, salud o la fortuna que creía perdida. Dejar caer la sopa, esperanza frustrada.

SORDO.—Soñar a un sordo, presagia una herida en el cuerpo. Tome precauciones. Si el que sueña es el que padece la sordera, desconfíe de falsas adulaciones por parte de los amigos.

SORTIJAS.—Soñar con sortijas, indica poder. Si se recibe un obsequio y éste es una sortija, indica dicha y felicidad. Si el que sueña es el que regala una sortija, dará ayuda a un familiar.

SORTILEGIO.—Es augurio de engaños y falsedades. Infamias y humillaciones.

SOTANA.—No se debe confiar tanto, pues poner en manos de otras personas el arma que se puede voltear, es tontería. Próxima pobreza.

SUBIR.—Mejorará su situación a causa de unos buenos negocios. Sus deseos se verán satisfechos y gozará de buena salud.

SUBTERRANEO.—Se realizará un viaje por mar, pero hay que tomar precauciones.

SUDARIO.—Próximo fallecimiento de algún familiar muy estimado.
SUEGRA.—Si su suegra lo sigue en sueños, le traerá buenos consejos. Si el que la sueña la sigue, imprudencias. Soñar con los suegros, es mala señal.
SURTIDOR.—Cariño sincero. Tu espíritu se encuentra tranquilo. Empieza una época de bonanza.
SUELDO.—Recibir el sueldo, en sueños, augura buen éxito en los negocios o en los estudios. Malgastar el dinero, anuncio de que se sufrirán miserias por desordenado.
SUÉTER.—Indica que vendrán días de pobreza si no se lucha con empeño y tenacidad.
SUICIDIO.—Soñar en suicidarse, ocasionará lamentables e inevitables desgracias.
SUPLICIO.—Es indicio de que se obtendrá un éxito seguro. Siga sin perder el ánimo.

T

TABACO.—Estar fumando tabaco, augurios de victorias y ganancias en los negocios o en los estudios. Si se observa una humareda proveniente del tabaco, placeres sensuales que en breve tiempo dejarán penas y aflicciones.
TABAQUERÍA.—Soñar que se tiene una tabaquería, augurio de emprender un negocio que triunfará.

TABERNA.—Comer con amigos en una taberna, indica consuelos y esperanzas. Si el que sueña está comiendo solo, vergüenza y aflicción.
TABLA.—El que sueña que va cargando una tabla, augurio de miseria personal.
TABURETE.—Si se está sentado en un taburete será acreedor a dignidades y honores.
TACO.—El que sueña que está comiendo un taco, indicio de fertilidad. También es augurio de pena que será pasajera.
TALADRO.—Recibirá noticias de alguna sentencia que le va a resultar favorable a sus intereses. Esté alerta, pues logrará descubrir un engaño que pretenden hacerle malas amistades.
TALLER.—Si en tu sueño ves movimiento en un taller indica que tu perseverancia se verá recompensada. Si el taller está desierto, tu empleo se tambalea y en poco tiempo te cesarán.
TAMBOR. — Verlo en un aparador, indicio de que le enviarán un regalo. Si lo están portando tropa o deportistas, señal de que pronto te invitarán a una fiesta en la cual lograrás conquistar a una mujer bella.

TAPA.—Toma tus precauciones. Deberás escoger buenas compañías y solventes para las empresas que desees emprender.
TAPIA.—Si está saltando una tapia, tu tenacidad es invencible. Sigue por el camino que llevas y llegarás al triunfo.

TAPICERÍA.—Si ves que están tapizando muebles, es augurio de abuso de confianza.

TAPÓN.—Precauciones con las herramientas puntiagudas o filosas. Habilidad para usarlas, pues pueden resultar peligrosas.

TARTAMUDO.—Ver en sueños, a un tartamudo, indica una resolución favorable y rápida a los problemas que tienen en tus negocios.

TAZA.—Si la taza es de buena calidad, traerá tranquilidad. Si la taza está vacía, posición modesta. Si en sueño se ven las tazas en un café con los amigos, peligroso fraude en que se verá inmiscuido el que lo ha soñado.

TÉ.—El que sueña que lo está bebiendo, estará triste por breve tiempo.

TEA.—Serás presa de pánico, por una verdad que en breve tiempo sabrás.

TEATRO.—Si el que sueña está dentro del teatro, buen augurio.

TECLAS.—Ver las teclas de un piano, augurio de grandes riquezas. Si son teclas de una máquina de escribir, buenas ganancias.

TECHO.—Prosperidad. Recibirás dignidades si están viendo al techo. Si el techo está desplomándose, pronto te propondrán buenos negocios.

TEJADO.—No pida dinero con créditos. Puede conseguir libertad.

TEJEDOR.—Si no tienes cuidado, resultarás víctima de traición por parte de tus malos amigos.

TEJÓN.—Soñar un tejón en carrera, indicio de pereza y perfidia.

TELAR.—Soñar con un telar, se gozará una vida pacífica. Salud y progresos.

TELARAÑA.—Debe renunciar a lo que están pensando desde hace algunos días. La idea de adquirir una casa es muy buena, si en el sueño se ve a la araña tejiendo su tela. Reciba, de buena manera, los consejos que le den.
TELAR.—Si el que sueña está manejando un telar, indicio de que acometerá una empresa que ha tenido en mente desde hace algunos años. Si otra persona es la que está manejando el telar, en poco tiempo logrará labrar su futuro con comodidades.
TELAS.—Si son de seda y bonitas, tus deseos se cumplirán. Si son feas y de mala calidad, augurio de lo contrario, deseos incumplidos.
TELÉFONO.—Si están instalando un aparato en tu domicilio, los asuntos marchan por buen camino. Si en el sueño no nos contestan la llamada, estamos propensos a un timo.
TELÉGRAFO.—No hagas las cosas precipitadamente, pues todas resultarán mal. Reflexiona y conseguirás lo que deseas.
TELÓN.—Se mejorará la suerte si se acierta en lo que se va a hacer. Puede conseguir un mujer rica, pero con un carácter muy malo.
TEMBLOR.—Si se sueña que se está sintiendo un temblor, indica honores y riquezas. Probablemente el que lo sueña viva una larga vida. Si se ha encontrado algún objeto, devuélvalo, pues en caso contrario, sufrirá un perjuicio.
TEMPESTAD.—El que sueña con una tempestad, indicio de peligro inminente.
TEMPLO.—Orar en el templo, injurias. Entrar en él, variación de conducta. Distinción merecida. Esperanzas que se llegarán a cumplir.

TENAZAS. — Si el que las sueña las tiene en las manos, augurio de que será víctima de persecuciones y amenazas. Si es- 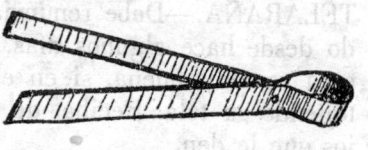 tán sobre una mesa, no debe gastar su dinero en frivolidades. Ahorre cuanto pueda para después invertir y acrecentar su capital.

TENEDOR.—El que sueña un tenedor, indicio de que tenga parásitos en el cuerpo. En un plazo corto, deberá consultar a un médico.

TENIENTE.—Tome precauciones, no haga oídos a falsas proposiciones. Tenga cuidado con los chismosos. Viaje que resultará fructífero.

TERCIOPELO.—Soñar con terciopelos, es indicio de honores y riquezas.

TERMÓMETRO.—Se trata de un ataque en contra del honor y la reputación de la persona que sueña con un termómetro.

TERRAPLÉN.—Debes combatir tu falta de entusiasmo al trabajo.

TERREMOTO.—Peligro de muerte para el que sueña y, además perderá su fortuna. Sueño de mala suerte. Si el que sueña es gobernante, presagia un golpe de Estado que sorprenderá a todo el país. Si el terremoto ha derribado puertas y paredes, augura muerte para alguna persona de importancia de la familia.

TESTAMENTO.—Si estás firmando el testamento, noticias halagadoras de tus negocios. Si otra persona lo está firmando, muerte inminente.

TIENDA.—Si ésta se encuentra bien surtida, augurio de buenas ganancias en los negocios o próximo aumento en el sueldo.

TIERRA.—Si la tierra es negra, signo de tristeza y melancolía.
TIGRE.—Soñar con un tigre, indicios de que la persona que lo sueña tiene un enemigo de gran celo y furioso.
TIJERAS. — Habrá un distanciamiento en los amantes. Riñas entre casados. Malas interpretaciones y estorbos en los negocios. 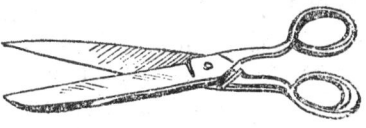 Si en sueños le roban las tijeras, tome sus precauciones, pues está en peligro inminente.
TIEMPO.—Buen tiempo indica seguridad. Mal tiempo, indica lo contrario.
TIMBAL.—No seas tan avariento y confórmate con lo que posees. No pidas demasiado, acuérdate que la avaricia rompe el saco.
TIMÓN.—Si trabajas con empeño en lo que estás tratando de conseguir, lo obtendrás. Ten prudencia y perseverancia.
TINIEBLAS.—Señal de que se padecerán enfermedades. Si el que sueña anda entre las tinieblas, augura buen éxito en un asunto que requiere cuidado y debida vigilancia.
TIÑA.—Si en tu cabello padeces tiña, precaución con falsos amigos. Te será fácil desprenderte de ellos y no ser víctima de fraudes.
TIRABUZÓN.—El que sueña con un tirabuzón resultará con una borrachera en la próxima fiesta a la que lo inviten.
TIRANTES.—Te has librado de un grave peligro. Ten calma y conformidad. Tus estudios o tus negocios te resultarán productivos.

TÍOS.—Soñar que se visita a los tíos, cuestiones familiares que serán solucionadas.

TÍTERES.—Desconfianza en una proposición que se les hará. Soñar con títeres, invitación a la prudencia y al orden.

TÍTULOS.—Tu viaje resultará con contratiempos. Ten prudencia y valor.

TIZÓN.—No ejecutes los consejos que te están dando, pues te resultarán perjudiciales. Tú sabes cuál es el camino recto. Síguelo.

TOCADOR.—Estar viendo en el espejo de un tocador, presagio de peligro inminente de muerte.

TOCINO.—Lo que hay desordenado en tu vida, se ordenará. Cónformate con ganar poco dinero, pero de manera constante. Los que son perezosos, todo lo esperan de una lotería que quizá nunca llegue.

TOLDO.—Estás a buen tiempo de salir del problema que te tiene preocupado.

TOMATE.—Soñar con tomates indica que nunca debes apostar. Alarma que carece de fundamento.

TONTERÍA.—Si sueñas que estás diciendo tonterías de cierta persona, debes cuidarte, pues tratan de aprovecharse de tu situación.

TOPACIO.—Aléjate de malas amistades. Busca ocupación, pues recuerda que la ociosidad es madre de todos los vicios.

TOPO.—Cuide sus bienes, pues ellos se encuentran en peligro.

TOQUE.—Si el toque es de clarín, augurio de que lo pueden sorprender. Cuide sus bienes.

TORNILLO.—El que en el sueño tiene un tornillo en las manos, le augura éxito en los negocios o en los amores.

TORNO.—Si se está trabajándolo, indica trabajo peligroso. Debes tener precauciones.

TORMENTO.—Si la persona que sueña es la que está padeciendo el tormento, señal de que gozará de mucha felicidad. Si ve que el tormento se lo está dando a otra persona, indicio de que irá a la ruina.

TORRE.—Si se ve a una persona que sube a una torre indica resistencia a obedecer órdenes.

TORRENTE.—Caerse en un torrente, peligro inminente; alguna persona tratará de causarle daño. Este sueño es de fatal augurio.

TORO.—El que sueña poseer un toro, grandes beneficios de un personaje. Si el toro está muerto, indica que no debe mezclarse en negocios que no sean propios. Si el toro lo están lidiando, tome precauciones, pues falsas amistades le propondrán negocios en donde lo arruinarán.

TORTILLA.—Si el que sueña está comiéndola, esperanzas que serán cumplidas.

TÓRTOLA.—Si el que sueña es soltero, pronto se unirá a la persona amada.

TORTUGA. — Secretos enemigos. Si la tortuga camina, perjudicial retroceso o retardo en los negocios o en los estudios. Mala salud.

TOS.—Si una persona está tosiendo, tenga cuidado, pues con indiscreciones le causará males y trastornos. Falsedad descubierta. Si el que sueña se tapa la boca con la mano derecha, signo de felicidad. Si es con la mano izquierda, augura un estado pasajero de mala situación o miserias.

TRABAJADORES.—Verlos trabajando, quejas que no se podrán evitar. Pagarles a los trabajadores, indica que se está deseando el bien para las grandes masas. Despedir trabajadores, anuncia un peligro grande para los vecinos.

TRABAJOS.—Si son rudos, como cortar leña, llevar bultos pesados, hacer lejía, indican que la persona que sueña, en breve tiempo se convertirá en rico.

TRAICIÓN.—Cuídate de los que te rodean. Si es mujer la que sueña, su conciencia está tranquila.

TRAGEDIA.—Soñar con una tragedia, augurio de pérdida de buenos amigos.

TRAJE.—Si el traje es indecoroso, indica tristezas y tormentos. Si el traje es elegante y ricamente bordado, augura todo lo contrario. Ir con el traje sucio y raído, deshonor. Si deseas tener un traje muy bonito en el sueño, tendrás placeres. Poseer muchos trajes, indica aburrimiento y tristeza.

TRAMPA.—La persona que en sueño se ve en una trampa, indicio de malos negocios.

TRAPO.—Soñar un trapo, indica cobardía y secreto mal guardado.

TRASTORNO.—Quebrantos liberados.

TRAVESÍA.—Este sueño indica intenciones malas y una vanidad sin corrección.

TRAVESURA.—Descubrimiento feliz y una boda con la cual todos quedarán complacidos.

TRIÁNGULO.—Si tu conducta es noble tendrá su merecida recompensa.

TRIGO.—Ver el trigo en la espiga y bien dorado, indica provecho y obtención de riquezas para el que lo está soñando. Si lo recoge y lo almacena en grandes cantidades, indica abundancia de bienes. Resulta un buen sueño.

TRISTEZA.—Sentirse triste en sueños y que alguna persona llega a consolarlo, significa un acontecimiento muy feliz.

TRIUNFO.—Si sueñas que triunfas en algo, las cosas te resultarán buenas; pero debes tener cuidado con las consecuencias inmediatas.

TROFEO.—Si la persona que lo sueña, lo gana, muy buenos acontecimientos y augurios. Si lo pierde, se deberá cuidar de los rateros.

TRONCO.—Si ve un tronco a flote, le devolverán lo que había prestado. Si tiene algún proyecto, deberá realizarlo con mucha calma.

U

UBRES.—Si están llenas, indican abundancia. Si están holgadas y secas, augura escasez de trabajo y de dinero. Vigila tus negocios.

UJIER.—Personas malas te están preparando una emboscada. Cuídate.

ÚLCERA.—Si sueñas con úlceras, mal sueño, pues tus negocios se verán en la ruina.

ULTRAJE.—En breve tiempo recibirás una grata sorpresa, si en el sueño alguien te ultraja. Si tú eres el que infieres el ultraje, presagia que tienes un proyecto que fracasará sin remedio.

UNGÜENTO.—Tendrás alegrías, pues recibirás una herencia inesperada.

UNIFORME.—Si en sueños estás con un uniforme, serás célebre en cualquier época de tu vida. Si ves una persona de tu familia con uniforme de médico, indicio de que será víctima de una grave y prolongada enfermedad. Si el uniforme es de colegial, tus hijos irán a la escuela y aprovecharán los estudios, logrando títulos de profesionistas.

UNIVERSIDAD.—Si la sueñas, te verás inmiscuido en un pleito judicial y tendrás que declarar. Si te encuentras dentro de ella, obstáculos en tus estudios o en tus negocios.

UÑAS.—Si la persona que sueña, tiene las uñas muy crecidas, augura grandes provechos. Si las uñas están cortas, pérdida y deshonor para quien lo sueña. Arrancarse las uñas, peligro de muerte.

UÑERO.—Si te ves con uñeros, toma precauciones cuando uses herramientas.

URNA.—En breve tiempo te anunciarán la boda de una pareja de amistades.

URRACA.—Si en el sueño la ves viva, anuncia un robo en tu casa. Si está muerta, te encontrarás extraviado un objeto de valor.

USURA.—Si la persona que sueña recurre a un usurero, señal de que en breve tiempo sus negocios lo dejarán en la ruina.

UVAS. — Si el que sueña las tiene, felicidad y distracciones. Resulta buen presagio el sueño con uvas, pues anuncia que los trabajos y aflicciones que vives ahora, se verán, en breve tiempo, recompensados para que tu vejez la vivas en paz y con ciertas comodidades. Si otra persona las tiene, podrás recurrir a ella en caso de que tengas apuros.

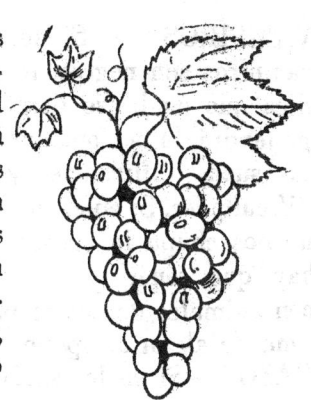

V

VACA.—Si la vaca es de color negro indica que se sufrirán desgracias. Si en el sueño se ordeña la vaca o se ve ordeñarla, augura que todas las empresas o negocios caminarán bien.
VACUNA.—Si la persona que sueña está poniéndose una vacuna, indicio de que recibirá un regalo.
VAINA.—Si se sueña la vaina de una espada se desbaratará un casamiento.
VAJILLA.—Si la vajilla está en buen estado significa una existencia sin inquietudes.
VALIJA.—Hay que tener cuidado con los intereses y siempre hay que tener fondos para el futuro.

VAMPIROS. — Si los vampiros son negros, indica que en breve tiempo tendrá, la persona que los sueña, aflicciones y dificultades. Si en el sueño nos chupa la sangre, hay que tener cuidado con animales de cuatro patas, para que no resulte víctima de algún atropello.

VASOS.—Si en los sueños se ven los vasos llenos, indica enlace.

VECINOS.—Soñar con los vecinos augura que se tendrán dificultades.

VELA. — Si ésta se encuentra encendida, traerá suerte en las empresos y en los negocios. Si la vela está apagada, indicio de todo lo contrario, pues habrá dificultades de dinero y familiares. Ver muchas velas encendidas, indica algo fúnebre. Si están apagadas en las manos de personas, augurio de que en poco tiempo tendrá noticias de varios familiares que se encuentran ausentes.

VELADA.—Si se está en una velada literaria, augurio de que una mujer desconocida te dará alegrías.

VELETA.—Atiende y vigila a tus hijos. Resulta de fatal presagio.

VELO.—Si el que sueña está envuelto en un velo, será víctima de traiciones.

VELLO.—Soñar con vello en el cuerpo, indica opulencia que llegará.
VENA.—Si la vena está rota, augura desazones por malos asuntos.
VENADOS.—Verlos en sueños indica que en breve tiempo se hará un viaje que resultará placentero y productivo.
VENDIMIA.—Indica gozar de salud y buenas riquezas. Alegría en las familias.
VENENO.—Serio disgusto si sueñas en que lo proporcionas. Tomarlo, tus deseos se verán realizados antes de lo que esperabas.
VENGANZA.—Si el que sueña ejerce venganza, pleito muy sonado.
VENTA.—Si estás efectuando una venta, obtendrán un beneficio momentáneamente.
VENTANA.—Si se sueña en arrojarse por una ventana, se perderá un pleito. Si la ventana está abierta, protección de jefes y personalidades. Si la ventana se encuentra cerrada, se tendrán muchos obstáculos en todas las empresas o en los estudios.
VENTRILOCUO.—Procura estar preparado, pues alguien está tratando de estafarte. No te vaya a pasar como al sastre de Campillo: "que cosía de balde y ponía el hilo".
VERDOLAGA.—Soñar verdolagas, dificultades en los negocios y grandes pérdidas de dinero. Indicio de dolores a causa de enfermedad.
VERDUGO.—Está próxima a ocurrir una catástrofe en tu casa.
VERDUGUILLO.—En poco tiempo se tendrán noticias de personas ausentes. Usted debe resolver sus propios problemas.

VERDURA.—Verlas en el campo le dice este sueño que no debe perder las esperanzas. Siempre hay que trabajar con fe.

VERJA.—Si se sueña que es de madera y nueva pronto recibirá dinero el que la sueña; si es de hierro, indica que se le presentarán algunos obstáculos, pero los deberá vencer con paciencia y trabajo.

VERRUGA.—Si el que sueña ve sus manos con verrugas, el amor con que sueña no será correspondido. Si ve las arrugas en manos de otras personas, indica que recibirá ingratitudes.

VÉRTIGO.—Sentir vértigo en el sueño indicio de que le están tendiendo lazos que le quieren hacer daño. Tome precauciones.

VESTIDO.—Si el vestido está sucio y maltratado, desprecios sin importancia. Si es de varios colores, indica que tendrás dificultades. Si en sueños se quita o le quitan el vestido, tendrá que tomar precauciones con los pretendientes, pues traen malas intenciones.

VETERINARIO.—Hablar con uno en sueños, augura que alguien te sorprenderá y te pedirá dinero prestado que no tienen intención de devolverte.

VICTORIA.—Si sueñas que alcanzas alguna victoria, ten cuidado, pues sufrirás llantos y desasosiegos. Infidelidades para el vencido.

VINAGRE.—Si es color rojo, recibirás, en poco tiempo, una afrenta personal.

VIOLETA.—Si la sueñas en su estación, lograrás el amor que estás anhelando. Si la sueñas fuera de la estación, pérdida de bienes, de amigos o de personas estimadas.

VIAJE.—Si el viaje es a pie indica que tendrá obstáculos insuperables.

VIEJA.—Soñar con una vieja fea, mal presagio, pues tendrá que tener mucho cuidado con la mujer que está deseando.

VÍBORA. — Envidias, perfidias y traiciones. Si el que sueña logra matarla, tendrá buenas victorias en todos los aspectos. Si se enrosca o se encoge, traerá contratiempos.

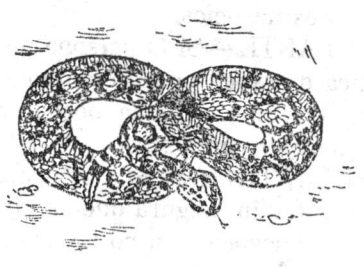

VIDRIOS.—Si se ven rotos le auguran una mala situación y víctima de enfermedades. Si los vidrios están en buen estado, recibirá buenas noticias.

VIGAS.—El que sueña con vigas, triunfará en la vida y se hará famoso.

VIENTO.—Si se ve el viento en sueños, indica que tendrá dificultades y angustias.

VIENTRE.—Ver el vientre de una mujer, querellas y chismes en el hogar.

VINO.—Soñar que se sobrepasa en copas indica que tendrá muy buena protección. Próximamente se hará de buena fortuna

VIOLÍN.—Si se ve o se oye tocar un violín, en el sueño, habrá concordia en su enlace. Si se ve el violín que está abandonado, tristeza pasajera. Si se rompe, tendrá que tener cuidado con su socio, pues trata de hacerle una mala jugada. Hay que examinar detenidamente la conciencia antes de obrar.

VIRGEN.—En sueños, ver a la virgen, indica alegría y cosas gratas.

VIÑA.—Ver en sueños una viña, siempre es indicio de abundancia y buenas cosechas.

VISITAS.—Soñar que se reciben visitas, indicio de que tendrán nuevas empresas que atender. Si la visita es de un médico, augura ganancias y dinero, producto de buenos negocios.

VOLANTE.—Si la persona que sueña va al volante, indica que bien puede emprender cualquier negocio, con vigilancia y empeño podrá, en breve tiempo, lograr ganancias cuantiosas.

VOLANTÍN.—Si el que sueña está dando vueltas en un volantín, augura que sufrirá trastornos y obstáculos en sus negocios; si no los vigila personalmente, pueden causar la ruina.

VOLAR. — Si el que sueña va volando con o sin alas, es un excelente presagio, pues es indicio de que triunfará en los negocios y en el amor. Si el que vuela es estudiante, logrará buenos exámenes.

VOLCÁN. — Si el volcán está apagado, el que lo sueña sufrirá desengaños y desgracias en los amores. Si está encendido, augura triunfos y dinero en los negocios que se ha pensado, desde meses, instalar.

VOLUNTARIO.—Si la persona sueña que se ha registrado en alguna asociación, indica alegrías.

VUELTAS.—Si sueña que está dando muchas vueltas, indica que su estómago está recargado y al hacer mal la digestión, se experimentan sueños penosos como éste.

Y

YATE.—Si sueñas que viajas en él, te previene que debes ser más modesto en tus aspiraciones, pues tienes fiebre de grandeza. Tu vanidad puede llevarte a la ruina. Verlo partir, anuncia fracasos en los negocios o empresas. Si el yate es un velero, anuncia un magnífico negocio que se aproxima. Si tus amistades viajan en él y se a va pique, augurio de que triunfarán en los ·gocios.

YEDRA.—Si ves que está crecida y circunda la casa, debes aprovechar la franca amistad que te está brindando un amigo. Si la yedra está secándose, vigila tus negocios, pues te pueden hacer víctima de fraudes y causarte la ruina.

YEGUA.—Si sueñas que tienes una yegua de buena estampa y joven, augura que tendrás una buena y bonita esposa. Si la yegua está flaca y fea, anuncia que una mujer atentará contra tus bienes o tu familia. Si la yegua cocea, augura traiciones y maledicencias. Si estás cabalgando en ella, indicio de que vigilando tus negocios, obtendrás buenos rendimientos.

YEGUADA.—Anuncia una juventud grata y placentera; pero una vejez triste y miserable.

YEMA.—Soñar que estás comiendo la yema de un huevo, augura grandes males si no moderas tu manera de vivir. Si la yema se te desparrama, buenas utilidades en tus inversiones. Si el que sueña es estudiante logro de triunfo en los estudios.

YERBA.—Si la yerba está seca, anuncia una vida modesta pero feliz. Si está fresca y abundante, augura un buen éxito en los negocios. Comer yerbas, indica buena salud y larga vida. Yerbas secas tiradas en el campo, indicio de grandes males y trastornos en los negocios o fracasos en la familia.

YERMO.—Si se sueña con un lugar yermo, pequeñas tristezas.

YERNO.—Este sueño indica a la persona que pasará muchos disgustos, pero el negocio, si lo vigila con cuidado, le producirá grandes cantidades de dinero en breve tiempo.

YESO.—Recibirás una carta de parientes ausentes, con noticias muy halagadoras.

YUNQUE.—El que sueña que en su lugar de trabajo hay un yunque, le augura que su trabajo le será muy provechoso. Si está trabajando en

él, augurio de que con empeño y tenacidad logrará llegar a la meta que se propone y obtener éxito en sus negocios. Disfrutará de una vida tranquila y con comodidades junto con su familia.

YUGOS.—Este sueño presagia un matrimonio feliz, con muchos hijos que disfrutarán de buena salud; pero debes evitar infidelidades. Tu familia gozará de buena salud y posición social.

Z

ZAGAL.—Si el que sueña es hombre, anuncia tranquilidad de la conciencia. Si es una mujer, le anuncia un matrimonio feliz.

ZAHÚRDA.—Si la estás contemplando, recibirás malas noticias. Vivir en ella es anuncio de aflicciones. Debes moderar tus gastos si no quieres verte, en breve tiempo, en la más espantosa miseria.

ZANAHORIAS.—Ver en sueños un campo con muchas zanahorias, el que sueña esto tendrá una buena oportunidad, pero no la sabrá aprovechar. Si se sueña que las está comiendo, indica que se cometerán algunos errores que pueden resultar fatales, tanto en lo romántico, como en lo económico.

ZÁNGANOS.—Personas negligentes y apáticas intervienen en tus negocios. Si sueñas que estás persiguiendo a los zánganos, te anuncia que debes alejar de ti a las malas amistades, que sólo están tratando de vivir a costa tuya. No debes intentar negocios con personas que no conozcas a fondo.

ZANJA.—En sueños, el que está haciendo una zanja, tendrá o recibirá un testamento o herencia cuantiosa y que le será favorable. Si se cae en la zanja, será víctima de un engaño. Si la salta, indica que existe un grave peligro. Ordenar a otras personas que hagan una zanja, indicio de buenas oportunidades para las personas que colaboran en sus negocios. A todos les llegarán buenas ganancias. Estar tapando una zanja, augurio de que sus negocios se vendrán abajo y le causarán una ruina completa.

ZAMARRA.—Si se lleva puesta, anuncia que causarás lástimas por tu pobreza.

ZAPADORES.—A la persona que sueña con ellos, lo acechan enemigos peligrosos. Debe tener cuidado con ellos para salvarse de una ruina.

ZAPAPICO.—No sueñen con la lotería, pues si no logras salir de la mediocridad por medio del esfuerzo en el trabajo, no pienses que te caerá el dinero del cielo. Muchos hombres de origen humilde han logrado elevarse a base de honradez y sacrificios. Deberás seguir el ejemplo.

ZAPATOS. — Si los zapatos se pierden, indica que pasarás en la vida muchas pobrezas y privaciones. Si los zapatos son nuevos, tendrás muchas ganancias. Si camina con zapatos gastados y en mal estado augura que  ganará en sus inversiones. Si los zapatos están en un aparador, esperanzas de que su trabajo o sus estudios le resulten beneficiosos.

ZAPATERO.—Ver a una persona trabajar de zapatero, decadencia de fuerzas por culpa de una enfermedad penosa y larga. Si sueñas que eres zapatero, recibirás un disgusto. Ya lo dice el refrán: "zapatero, a tus zapatos".

ZAPATILLAS.—Para el que sueña las zapatillas, indicio de que tendrá disgustos. Si se las pone, augura comodidades y buena vida. Si se las quita, reyertas y maledicencias.

ZARCILLOS.—Si es una dama o muchacha joven la que sueña unos zarcillos, en breve tiempo encontrará un buen marido. Si es casada, tendrá un disgusto de graves consecuencias.

ZARPAR.—El que sueña en ver zarpar un barco, indicio de que hará, próximamente, un viaje que le resultará placentero.

ZARZAL.—Enfermedades y contrariedades. Coger las zarzas, pronto tendrá una sorpresa muy agradable. Si se esconde en un zarzal, indica que tendrá muchas molestias por una denuncia que al final resultará completamente falsa.

ZARZO.—Para la persona que sueña, víctima de penas y contrariedades.

ZODÍACO.—Si en el sueño se contemplan algunos de los signos del zodíaco, augura felicidades y muy buena suerte en los negocios o estudios que se han estado haciendo.

ZORRA. — Si la persona ve que la zorra va trotando, indica que si sus negocios o estudios los vigila y trabaja con ímpetu y sagacidad, serán retribuidos.

ZOZOBRAR.— Si el que sueña ve zozobrar una barca el negocio que va a emprender le producirá buenas ganancias si lo atiende personalmente. Si otra persona va en la barca, indicio de que fracasará en su vida.

ZUECO.— Ver que otra persona calza zuecos, indicio de que padecerá enfermedades. Si es niño el que calza augurio de buena salud en su vida.

ZUMBIDO.— Oír el zumbido de una ave, augurio de que se le acercarán personas de mala fe para proponerle falsos negocios. Tome sus precauciones.

ZURCIDO.— Si el que sueña está zurciendo, buenas ganancias le esperan en su trabajo o negocio. Si otra persona es la que zurce, augurio de que un familiar va a triunfar en su empresa.

OTROS SUEÑOS PROFÉTICOS

José Tartini, hábil compositor (en 1713), escuchó en una noche de verano y con una superioridad admirable, la ejecución, por el diablo, de un solo de violín, de un estilo original y de sin igual melodía. Apenas despierto Tartino, recordó y anotó aquella música singular. Es la obra que hoy día se conoce con el título de *La tocata del diablo*.

♦

En el año 1668, Luis XIV combatía, en sueños, contra un fuerte y poderoso león y logró tumbarlo. Poco tiempo después conquistó, con sus bien preparadas y numerosas fuerzas, el Franco-Condado.

♦

El emperador de Alemania, José II, cuando era niño soñó que caracoleaba en un soberbio corcel. La historia es indudable testigo de su singular pasión por los viajes, cual lo indicó este sueño.

Desterrado Cicerón, de Roma (año 695) por las conspiraciones de sus numerosos enemigos, se detuvo en una finca de campo, cerca de la población de Atina en la cual se durmió. Le pareció que, extraviado en desiertos países, encontró a Mario, cerca de toda la pompa de la dignidad consular y que, preguntándole este general por qué andaba triste y errante, le refirió con gran detalle la causa de su desgracia; y que entonces, asiéndole por una mano, encargó a su primer lictor le condujese a un palacio que le habían edificado, asegurándole que en ese lugar le aguardaría la mejor de las suertes. El tiempo acreditó esta promesa que se le había hecho, puesto que en el templo de Júpiter, monumento erigido por los desvelos de Mario, fue donde el senado expidió el decreto de gracia concedido al célebre orador.

◆

Dos árcades, íntimos amigos y compañeros de viaje, llegaron a Megara (antes de J.C. 403). Se retiraron el uno a casa de su huésped, y el otro, a la posada. El primero soñó que su amigo le rogaba fuese a salvarle de las tramas del posadero, reclamándole un pronto auxilio contra un peligro de consideración.

Se despierta sobresaltado, abandona la cama, se dirige a la posada; por una funesta fatalidad retrocede y, avergonzándose de haber dado crédito a un sueño, vuélvese al lecho y se entrega de nuevo al descanso.

Poco tiempo después se le reaparece su amigo, enteramente mutilado, rogándole que, supuesto que no quiso salvarle la vida, vengara a lo menos, su muerte; añadiendo que en aquel mismo instante su asesino conducía su cadáver fuera de la ciudad, en un carromato de estiércol. Salta el árabe, corre a las puertas de Megara, encuentra el carromato, descubre a su amigo y prende al posadero, que no tardó en sufrir la pena destinada a los asesinos.

I   II   III   IV   V   VI   VII   VIII   IX   X   XI   XII   96   97   98   99   20 0 1

La impresión de la obra se realizó en los talleres de: Servicios Litográficos Ultrasol, S.A. de C.V. Fiscales 43 Col. Sifón C.P. 09400 México, D.F. 633-5653

1   1.5   2   3   4   5   6   7   8   9   10   11   12   15   20   25   30   50